서미화

대학에서 국어 국문학을 전공하고 '초등 글쓰기 연구소'를 운영하며 아이들이 글쓰기의 즐거움을 발견하고 성장할 수 있도록 돕는 글쓰기 전문가입니다. 쓰는 일이 좋아 세 아이를 키우며 다양한 글쓰기 방법을 연구하고 있습니다. 빈 종이가 두려운 아이들이 자유롭게 생각과 감정을 나누고, 스스로를 위로하는 일이 글쓰기였으면 좋겠다는 생각으로 아이들을 가르치고 있습니다.

저서로는 『우리 아이가 첫 글쓰기를 시작합니다』, 『영어 공부 말고, 영어 독서 합니다』가 있으며, 꾸준한 집필 활동을 통해 글쓰기의 가치를 널리 알리고 있습니다. 또한, 도서관과 학교에서 글쓰기 강의를 진행하며, 글쓰기 환경을 조성하는 데 애쓰고 있습니다. 이 책은 다년간의 글쓰기 수업과 강연을 통해 얻은 통찰을 바탕으로 생생한 현장의 경험을 담아 만들었습니다. 부모와 아이가 함께 글쓰기를 즐기며 '쓰는 삶'으로의 문을 열어가기를 희망합니다.

- 네이버 블로그 (초등 글쓰기 연구소) mhjoice
- 인스타그램 you_ran_i
- 이메일 mhjoice@naver.com

너른 바다에서 자유롭게 헤엄치는 큰 고래처럼, 고래책빵은 아이들의 크고 자유로운 꿈을 책에 담습니다.
고래책빵은 책이 곧 마음의 빵이 되는 어린이 책을 만듭니다.

상상력을 펼치고, 나만의 이야기를 만드는 글쓰기 훈련!

3단계로 완성하는

초등 글쓰기 워크북

서미화

학부모님들께

"글을 잘 쓰려면 어떻게 해야 할까요?"
"공부를 잘하려면 어떻게 해야 할까요?"
"축구를 잘하려면 어떻게 해야 할까요?"

아이들이 글쓰기를 잘하려면, 그리고 공부나 운동, 수학 등 어떤 분야에서든 실력을 키우기 위해 가장 중요한 것은 익숙해지는 것입니다.

그럼 익숙해지려면 어떻게 해야 할까요?

익숙해지려면 매일 반복해야 하고, 반복하려면 습관이 되어야 하며, 습관을 만들기 위해서는 마음을 먹는 것이 필요합니다. 하지만 마음만 먹는다고 습관이 저절로 만들어지는 것은 아닙니다. 작은 시도들이 모여야 자연스럽게 익숙해지고, 두려움을 내려놓을 수 있습니다.

『3단계로 완성하는 초등 글쓰기 워크북』은 아이들이 매일 한 편의 이야기를 읽고, 이야기에 대한 질문을 나누며, 글쓰기에 익숙해지도록 구성하였습니다.

　또한, 질문은 단순한 정답 찾기가 아니라 생각을 확장하는 과정입니다.
　모든 질문에 답을 적을 필요는 없습니다. 어떤 아이들은 질문을 보고 스스로 더 많은 질문을 만들어 내기도 합니다. 자유 글쓰기를 좋아하는 친구들은 제시된 질문을 활용해 새로운 질문을 만들며 창의적인 사고를 할 수 있도록 해 주세요. 엉뚱하고 이상한 질문을 만들어도 좋습니다. 질문을 만드는 것도 과정이 필요하니까요.

　아이들의 글쓰기는 '써내는 것'이 아니라 '써 보는 것'입니다.

　완벽한 글을 쓰는 것이 목표가 아니라, 생각을 표현하는 연습을 하는 것입니다. 처음에는 서툴고 엉성할 수 있지만, 하루하루 써 보는 과정을 통해 아이들은 자신만의 글을 만들어 갈 것이라 확신합니다.

　우리 아이들이 글을 통해 세상을 바라보고, 자신의 생각을 자신 있게 표현하는 멋진 사람으로 자라길 바라봅니다.

차례

학부모님들께	4
작가 카드 만들기	10
이렇게 활용해 보세요	12

1단계 레벨 업
3단계로 따라 하며 쉽게 시작하는 글쓰기

1. 토끼와 거북이 — 빠른 토끼와 느린 거북이의 경주 이야기	16
2. 나무와 바람 — 어려운 상황이 사람을 더 강하게 만든다는 교훈을 주는 이야기	20
3. 미운 오리 새끼 — 오리가 성장하며 자신을 발견하는 이야기	24
4. 빨간모자 — 할머니 집에 가는 소녀와 늑대의 모험 이야기	28
5. 아기돼지 삼 형제 — 각기 다른 집을 지은 아기 돼지들의 이야기	32
6. 벌거벗은 임금님 — 진실을 말하기 어려운 상황에서 벌어진 재미있는 이야기	36
7. 장화 신은 고양이 — 똑똑한 고양이가 주인을 돕는 이야기	40
8. 황금 알을 낳는 거위 — 욕심을 부리면 손해를 본다는 교훈을 주는 이야기	44
9. 성냥팔이 소녀 — 추운 겨울날 소녀의 따뜻한 꿈 이야기	48
10. 브레멘 음악대 — 집을 떠나 새로운 꿈을 찾는 동물들의 모험 이야기	52
✏️ 이렇게 지도해 주세요 — 일기 쉽게 쓰는 방법	56

11. 해와 달이 된 오누이 — 호랑이에게서 도망치던 오누이가 해와 달이 되는 이야기	58
12. 흥부와 놀부 — 착한 흥부와 욕심 많은 놀부의 이야기	62
13. 금도끼와 은도끼 — 정직한 나무꾼에게 보상이 주어지는 이야기	66
14. 콩쥐 팥쥐 — 착한 콩쥐와 욕심 많은 팥쥐의 이야기	70
15. 심청전 — 아버지의 눈을 뜨게 하기 위해 희생한 효녀 심청의 감동적인 이야기	74
16. 두루미와 여우의 식사 — 상대방을 이해하지 못해 벌어진 재미있는 이야기	78
17. 왕자와 거지 — 신분과 운명을 넘어 진정한 인간성을 발견하는 이야기	82
18. 견우와 직녀 — 하늘나라에서 사랑하는 두 연인이 만나는 이야기	86
19. 플란더스의 개 — 가난한 소년과 개가 남긴 감동적인 이야기	90
20. 호랑이와 곶감 — 호랑이가 곶감을 보고 겁을 먹는 재미있는 이야기	94
✏️ 이렇게 지도해 주세요 — 독후감 쉽게 쓰는 방법	98

2단계 레벨 업
3단계로 따라 하며 쉽게 완성하는 글쓰기

21. 걸리버 여행기 - 걸리버가 여러 신비한 나라를 여행하며 겪는 이야기 ... 102
22. 피노키오 - 나쁜 행동을 하는 피노키오가 성장하며 변해가는 이야기 ... 106
23. 오즈의 마법사 - 도로시가 친구들과 마법의 나라를 여행하며 우정을 배우는 이야기 ... 110
24. 돈키호테 - 소설의 세계를 현실로 믿는 이상주의자의 모험 이야기 ... 114
25. 허클베리 핀의 모험 - 허클베리 핀이 자유를 찾아 떠나는 흥미진진한 모험 이야기 ... 118
26. 이상한 나라의 앨리스 - 앨리스가 신비로운 나라에서 만난 인물들과의 모험 이야기 ... 122
27. 피터 팬 - 피터 팬과 그의 친구들이 네버랜드에서 겪는 모험 이야기 ... 126
28. 잭과 콩나무 - 가난한 소년 잭이 콩나무를 타고 하늘을 올라가면서 벌어지는 모험 이야기 ... 130
29. 파랑새 - 진정한 행복은 가까이에 있음을 깨닫게 하는 이야기 ... 134
30. 황금 물고기 - 겸손함의 중요성을 배우는 이야기 ... 138

✏️ 이렇게 지도해 주세요 - 원고지 쉽게 쓰는 방법 ... 142

31. 선녀와 나무꾼 — 선녀와 나무꾼의 사랑과 이별을 그린 이야기		144
32. 알라딘과 요술램프 — 알라딘이 요술램프를 통해 모험을 펼치는 이야기		148
33. 바보 온달과 평강공주 — 착하고 어리석은 온달과 평강공주의 사랑 이야기		152
34. 혹부리 영감 — 착한 할아버지가 뜻밖의 행운을 얻는 이야기		156
35. 로빈슨 크루소 — 고립된 섬에서 생존하는 모험가의 이야기		160
36. 열두 띠 이야기 — 동물들이 어떻게 띠로 정해졌는지에 대한 재미있는 전설		164
37. 호랑이와 두꺼비 — 꾀를 내어 강한 호랑이를 이기는 두꺼비의 지혜 이야기		168
38. 토끼와 다람쥐의 방귀 시합 — 웃음을 자아내는 방귀 시합 이야기로, 소박함과 유머가 있는 이야기		172
39. 80일간의 세계 일주 — 필리어스 포그가 전 세계를 80일 만에 여행하는 도전 이야기		176
40. 어린 왕자 — 사랑과 우정의 소중함을 배우는 소년의 여행 이야기		180
✏️ 이렇게 지도해 주세요 — 편지 쓰는 방법		184

작가 카드 만들기

어린이 여러분 반가워요? 반짝반짝 별빛 작가 서미화 선생님이에요.
글쓰기에 들어가기 전 작가 카드를 만들어서 서로 친해져 볼까요?

카드에는 이름과 좋아하는 책 등을 써넣고, 마법의 작가 카드를 멋지게 꾸며 보세요.
자, 선생님부터 소개해 볼게요.

자신이 원하는 멋진 작가 이름을 적어 주세요.
자신이 상상하는 작가의 나이를 적어 주세요.

작가 카드 작성법

작가 이름	작가 나이
좋아하는책 →	친구들에게 자신이 좋아하는 책을 소개해 주세요.
마법의 능력 →	마법을 부릴 수 있다면 어떤 능력을 갖고 싶은지 적어주세요.
작가의 꿈 →	꿈꾸는 작가로서 어떤 책을 쓰고 싶은지 써보세요.
작가의 특징 →	작가 카드에 자신의 특징을 그려 넣거나 적어보세요.

작가 카드 예시

작가 이름	별빛 작가 서미화	작가 나이	8살, 어린이의 마음으로 글을 쓰고 싶어요.
좋아하는책	피터 팬		
마법의 능력	다른 사람의 마음을 읽을 수 있어요.		
작가의 꿈	해리포터 같은 마법 이야기를 쓰고 싶어요.		
작가의 특징	글에서 반짝 반짝 빛이 나요.		

작가 카드

작가 이름		작가 나이	
좋아하는책			
마법의 능력			
작가의 꿈			
작가의 특징			

작가 카드

작가 이름		작가 나이	
좋아하는책			
마법의 능력			
작가의 꿈			
작가의 특징			

작가 카드

작가 이름		작가 나이	
좋아하는책			
마법의 능력			
작가의 꿈			
작가의 특징			

이렇게 활용해 보세요

『3단계로 완성하는 초등 글쓰기 워크북』은 3단계 글쓰기 활용법을 통해 7세부터 초등학교 저학년 학생들에게 글쓰기 능력을 키워주는 책입니다. 이야기마다 '쓰기 위한 읽기, 쓰기 위한 질문, 쓰기 위한 쓰기'를 단계별로 구성하고, 학생들이 다양한 활동을 통해 글쓰기의 재미를 느낄 수 있도록 하였습니다.

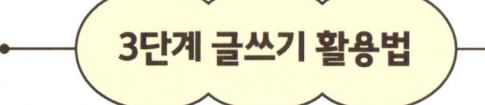

1단계: 쓰기 위한 읽기

40가지 이야기를 통해 다양한 주제와 관점을 접할 수 있습니다.
읽으면서 주인공이 누구인지, 어떤 일이 일어났는지 생각해 보세요.
소리 내서 읽기나 부모님과 함께 읽기를 활용해 보세요.

2단계: 쓰기 위한 질문

이야기 속에서 찾을 수 있는 질문과 생각해 볼 수 있는 질문으로 나누어 활동할 수 있습니다.
'내가 만든 질문'을 통해 직접 질문을 만들고 답하며 질문하는 능력을 키울 수 있습니다.

3단계: 쓰기 위한 쓰기

읽은 이야기나 자신의 경험을 바탕으로 글을 쓸 수 있습니다.
11가지 글쓰기 활동을 통해 다양한 방법으로 글쓰기를 시도해 볼 수 있도록 구성하였습니다.
이야기마다 2가지 글쓰기 활동이 포함되어 있어 선택하여 글쓰기를 할 수 있습니다.

글쓰기 활동 리스트

❶ 동화 다시 쓰기
읽은 동화를 나만의 방식으로 새롭게 써 보세요.

❷ 이야기 속 한 장면 표현하기
가장 기억에 남는 장면을 그림이나 글로 표현해 보세요.

❸ 한 문장 따라 쓰기
이야기 속에서 인상 깊은 문장을 골라 따라 써 보세요.

❹ 시로 표현하기
이야기를 시로 바꾸어 간단히 표현해 보세요.

❺ 소개하는 글쓰기
주인공이나 이야기를 다른 사람에게 소개하는 글을 써 보세요.

❻ 흐름을 따라가는 글쓰기
이야기의 주요 흐름을 정리하여 써 보세요.

❼ 내가 만약 주인공이었다면
주인공의 입장에서 내가 어떤 선택을 했을지 써 보세요.

❽ 편지 쓰기
이야기 속 등장인물에게 편지를 써 보세요.

❾ 독후감 쓰기
이야기에서 느낀 점과 배운 점을 독후감으로 작성해 보세요.

❿ 뒷이야기 상상해서 쓰기
이야기가 끝난 후 이어질 내용을 상상해 써 보세요.

⓫ 일기 쓰기
주인공 입장에서 하루를 일기로 표현해 보세요.

신나는 글쓰기 세계로 떠나볼까요?

안녕, 친구들!

오늘은 우리가 신나는 글쓰기 세계로 여행을 떠날 거예요.

'글쓰기'라고 하면 어려운 일로 생각하나요?

전혀 아니에요! 글쓰기는 자신의 생각을 글을 표현하는 재미있는 과정이랍니다.

특히 우리가 좋아하는 이야기를 가지고 시작하면 더욱 즐거워요!

자, 여기 40편의 멋진 이야기들이 있어요.

꼭 1번부터 해야 하냐고요?

아니에요. 우리 친구들이 가장 좋아하는 이야기, 또는 익숙한 이야기를 골라서 시작하면 돼요.

어떤 이야기가 좋을까요?

예를 들어, <장화 신은 고양이>나 <토끼와 거북이>, 또는 <호랑이와 곶감> 같은 재미있는 이야기들이 있으니 선택해서 시작해 보세요.

이야기의 제목을 보고 "아, 이건 내가 아는 이야기야!" 하면서 읽다 보면 어느 순간 글이 쓰고 싶어질지도 몰라요.

이제 신나는 글쓰기 세계로 함께 떠나볼까요?

우리의 상상력을 펼치고, 나만의 이야기를 만들 준비 됐나요?

1단계
레벨 업

3단계로 따라 하며 쉽게 시작하는 글쓰기

1 토끼와 거북이

쓰기 위한 읽기

* 소리 내서 읽어 볼까요? 아빠 찬스, 엄마 찬스를 사용해도 좋아요.

옛날, 푸른 숲 속에 빠르고 자신감 넘치는 토끼와 느리지만 꾸준한 거북이가 살고 있었어요. 토끼는 자신의 뛰어난 달리기 실력을 자랑하며 늘 스스로를 숲에서 가장 빠른 동물이라고 여겼답니다. 어느 날, 토끼는 거북이에게 다가가 말했어요.

"거북아, 내가 얼마나 빠른지 알지? 숲에서 나를 이길 동물은 아무도 없어!"

거북이는 조용히 토끼를 바라보며 미소 지었어요. 그리고 대답했어요.

"그렇다면, 나랑 경주해 보는 게 어때?"

토끼는 이 말에 박장대소했어요.

"너랑 경주한다고? 네가 나를 이긴다고 생각하는 거야? 좋아, 해 보자!"

그렇게 경주가 시작되었어요. 출발 신호가 울리자, 토끼는 번개처럼 튀어나갔어요. 뒤도 돌아보지 않고 앞으로 질주하며 토끼는 스스로에게 말했어요.

"역시 나는 최고야! 저 느린 거북이가 어떻게 날 따라오겠어?"

반면, 거북이는 한 발짝 한 발짝 묵묵히 걸어갔어요. 토끼는 조금 달리다 뒤를 돌아보며 거북이가 한참 뒤에 있다는 것을 확인했어요. 여유가 생긴 토끼는 나무 아래로 가서 앉았어요.

"거북이가 여기까지 오려면 시간이 많이 걸릴 거야. 잠깐 쉬어도 괜찮겠지?"

토끼는 풀밭에 누워 깊은 잠에 빠졌어요.

그 사이, 거북이는 느리지만 멈추지 않고 꾸준히 앞으로 나아갔어요. 한 걸음 한 걸음 조용히 말이에요. 거북이는 마침내 토끼가 잠들어 있는 나무를 지나쳐 결승선을 향해 갔어요.

해가 기울 즈음, 토끼는 깨어났어요. 눈을 비비며 결승선을 향해 달려갔지만, 이미 거북이가 결승선을 통과하는 순간이었어요.

"내가… 졌다고?" 놀란 토끼는 믿을 수 없다는 듯 중얼거렸어요.

거북이는 토끼를 향해 미소 지으며 말했어요.

"토끼야, 빠른 것도 좋지만, 중요한 건 멈추지 않는 꾸준함이야."
그날 이후, 토끼는 꾸준함의 중요성을 깨닫게 되었답니다.

쓰기 위한 질문

* 이야기에서 답을 찾을 수 있는 질문이에요. 질문에 답해 보면서 새로운 질문을 만들어 볼까요?
 (새로운 질문을 만들어도 좋고, 비슷하게 만들어 보는 연습을 해도 좋아요.)

1. 토끼는 왜 경주 도중에 멈췄을까요?

2. 거북이는 어떻게 경주에서 이길 수 있었을까요?

3. 토끼와 거북이 이야기를 통해 우리가 배울 수 있는 점은 무엇인가요?

내가 만든 질문

* 생각 질문으로 더 많은 이야기를 나눠보세요.

1. 토끼가 멈추지 않고 끝까지 달렸다면 결과가 어떻게 바뀌었을까요?

2. 거북이처럼 천천히 하지만 꾸준히 해야 할 일이 있다면 어떤 게 있을까요?

3. 여러분은 거북이처럼 열심히 해서 잘해낸 적이 있나요? 그때 기분이 어땠나요?

내가 만든 질문

쓰기 위한 쓰기

* **이야기 속 한 장면 표현하기**

토끼와 거북이의 경주 장면을 그려볼까요? 토끼가 잠드는 장면, 거북이가 결승선에 도착해서 토끼를 찾아보는 장면도 좋아요. 이야기를 생각하면서 마음껏 그려보세요.

* 동화 다시 쓰기

  거북이가 더 빠른 동물이 되면 어떨까요?

  토끼보다 빨라진 거북이를 상상하며 이야기를 다시 써 보세요. 이번에는 누가 이길까요?

2 나무와 바람

쓰기 위한 읽기

* 소리 내서 읽어 볼까요? 아빠 찬스, 엄마 찬스를 사용해도 좋아요.

옛날 옛적, 한 숲 속에 튼튼한 나무가 살고 있었어요. 나무는 키도 크고 가지도 튼튼해서 새들이 앉아 쉬기에 딱 좋았답니다.

어느 날, 세찬 바람이 불어와 나무에게 물었어요.
"나무야, 너 정말 나보다 더 강하다고 생각하니?"
나무는 당당히 대답했어요.
"그럼! 아무리 바람이 불어도 나는 쓰러지지 않아!"

그러자 바람은 더 세차게 불기 시작했어요.
휘잉~ 휭휭! 바람은 온 힘을 다해 불었고, 나무의 가지는 심하게 흔들렸어요. 잎도 몇 개 떨어졌지요. 하지만 나무는 끝까지 쓰러지지 않았어요.
결국 바람은 지쳤고, 나무는 꿋꿋이 자리를 지켰답니다.
그날 바람은 '바람이 불어야 나무가 더 튼튼해진다'는 것을 깨달았어요.

어려운 일이나 힘든 상황도 나무처럼 이겨내면 우리를 더 강하게 만들어 준다는 걸 바람도 알게 된 거예요.

쓰기 위한 질문

* 이야기에서 답을 찾을 수 있는 질문이에요. 질문에 답해 보면서 새로운 질문을 만들어 볼까요?
  (새로운 질문을 만들어도 좋고, 비슷하게 만들어 보는 연습을 해도 좋아요.)

1. 나무와 바람이 나눈 이야기는 무엇이었나요?

2. 바람이 강하게 불었을 때 나무에게 어떤 일이 일어났나요?

3. 바람은 나무가 얼마나 강한지 왜 확인하고 싶었을까요?

내가 만든 질문

* 생각 질문으로 더 많은 이야기를 나눠보세요.

1. 나무처럼 힘든 상황을 이겨낸 적이 있나요? 그때 기분이 어땠나요?

2. 바람이 나무를 더 튼튼하게 만든 것처럼, 어려운 일이 우리에게 어떤 도움을 줄 수 있을까요?

3. 여러분이 나무라면 바람에게 어떤 이야기를 해 주고 싶나요?

내가 만든 질문

쓰기 위한 쓰기 ✏️

* 한 문장 따라 쓰기

"바람이 불어야 나무가 더 튼튼해진다."

이 말은 어려운 일이 생길 때 오히려 우리가 더 강해질 수 있다는 뜻이에요. 나무가 바람이 불 때 흔들리면서 더 튼튼해지는 것처럼, 우리도 어려운 일을 겪으면 더 씩씩해질 수 있답니다.

"	바	람	이		불	어	야
나	무	가		더		튼	튼	해
진	다	."					
"	바	람	이		불	어	야
나	무	가		더		튼	튼	해
진	다	."					

* 시로 표현하기

〈나무와 바람〉 이야기를 시로 표현해 보세요. 예시를 따라서 써 보는 것도 좋은 방법이랍니다.

예시)   제목: 튼튼한 나무와 바람

튼튼한 나무, 하늘 높이 자라고,
세찬 바람, 나무에 도전했네.

"나보다 강하다고 생각하니?"
나무는 바람에 대답했네.

"흔들려도 쓰러지진 않아."
바람이 세차게 불어도,
나무는 끝까지 서 있었네.

바람은 깨달았지,
바람이 불어야 나무가 더 튼튼해진다는 것을.

3 미운 오리 새끼

쓰기 위한 읽기

* 소리 내서 읽어 볼까요? 아빠 찬스, 엄마 찬스를 사용해도 좋아요.

옛날 옛적, 잔잔한 호수 근처에서 엄마 오리가 알을 따뜻하게 품고 있었어요. 마침내 알들이 하나씩 깨지며 귀여운 새끼 오리들이 태어났어요. 그런데 마지막 남은 알은 크기가 유난히 컸고, 깨지는 데 시간이 더 오래 걸렸어요.

마지막 알이 깨지고 새끼가 나왔을 때, 엄마 오리는 깜짝 놀랐어요. 다른 오리들과 다르게 깃털이 회색빛이고 몸집도 훨씬 큰 새끼가 나온 거예요. 다른 오리들은 그를 "미운 오리 새끼!"라고 부르며 놀리고 괴롭혔어요.

미운 오리새끼는 너무 슬펐어요.
"나를 좋아해 주는 곳은 없을까?"라고 생각하며 집을 떠났어요.

미운 오리새끼는 길을 떠나며 여러 동물들을 만났지만, 어디에서도 따뜻하게 맞아주는 곳은 없었어요. 외로움에 지친 미운 오리새끼는 차가운 호수 근처에서 혼자 겨울을 보냈어요.

따뜻한 햇살이 내리쬐던 어느 날, 미운 오리새끼는 물가에 비친 자신의 모습을 보고 깜짝 놀랐어요. 미운 오리새끼가 멋지고 우아한 백조로 변해 있었거든요!
물가에 있던 다른 백조들이 그를 반겨 주며 말했어요.
"너 정말 아름다워! 우리와 함께 가자."
그제야 미운 오리새끼는 자신이 원래 백조였다는 걸 알게 되었답니다.

쓰기 위한 질문

* 이야기에서 답을 찾을 수 있는 질문이에요. 질문에 답해 보면서 새로운 질문을 만들어 볼까요?
  (새로운 질문을 만들어도 좋고, 비슷하게 만들어 보는 연습을 해도 좋아요.)

1. 미운 오리새끼는 왜 다른 오리들과 다르게 생겼나요?

2. 미운 오리새끼는 왜 집을 떠났나요?

3. 미운 오리새끼는 어떻게 자신이 백조인 것을 알게 되었나요?

내가 만든 질문

* 생각 질문으로 더 많은 이야기를 나눠보세요.

1. 미운 오리새끼가 슬프거나 힘들 때, 우리가 도와줄 방법이 있을까요?

2. 친구들이 나와 다르게 생겼거나 생각이 다를 때, 어떻게 행동하는 것이 좋을까요?

3. 미운 오리새끼가 자신이 백조라는 것을 알았을 때 어떤 기분이 들었을까요?

내가 만든 질문

쓰기 위한 쓰기

✱ **이야기 속 한 장면 표현하기**
  멋지게 변한 백조의 모습을 그리고 백조가 된 미운 오리새끼에게 하고 싶은 말을 적어 주세요.

....

....

....

....

....

* 소개하는 글쓰기

  나와 다른 점이 있는 친구를 소개하고, 친구의 장점을 칭찬해 보는 글을 써 보세요.

  내 친구 _____ 를(을) 소개할게.

  내 친구 _____ 는 나와 다른 장점이 있어.

 빨간모자

쓰기 위한 읽기

* 소리 내서 읽어 볼까요? 아빠 찬스, 엄마 찬스를 사용해도 좋아요.

옛날 옛적에 빨간 모자를 쓴 소녀가 있었어요. 사람들은 그녀를 "빨간모자"라고 불렀어요. 어느 날, 빨간모자는 아픈 할머니께 음식을 가져다드리러 숲길을 걷게 되었어요. 떠나기 전, 엄마가 말했어요.

"숲에서는 멈추지 말고, 낯선 사람과 얘기하지 말거라."

빨간모자는 엄마의 말을 마음에 새기며 길을 걸었어요. 그러다 숲에서 늑대를 만났어요.

"어디 가니?" 늑대가 물었어요.

"할머니 댁에 가요." 빨간모자는 순진하게 대답했어요.

늑대는 빨간모자가 느리게 가도록 꽃을 따 보라고 했어요.

"저기 예쁜 꽃을 봐! 할머니께 드리면 정말 좋아하시겠지?"

빨간모자는 꽃을 따기 시작했고, 늑대는 그 틈을 타 빨간모자보다 먼저 할머니 댁으로 달려갔어요. 늑대는 할머니를 잡아먹고, 그 자리에 누워 빨간모자를 기다렸어요.

빨간모자가 집에 도착했을 때, 이상하게 생긴 할머니를 보고 물었어요.

"할머니, 왜 그렇게 귀가 커요?"

"네 말을 더 잘 듣기 위해서란다."

"할머니, 왜 그렇게 눈이 커요?"

"너를 더 잘 보기 위해서란다."

"할머니, 이빨이 왜 그렇게 날카로워요?"

그러자 늑대가 갑자기 외쳤어요.

"너를 잡아먹기 위해서지!"

늑대는 빨간모자를 덮치려 했지만 지나가던 사냥꾼이 비명을 듣고 빨간모자와 할머니를 구해 주었어요. 그날 이후 빨간 모자는 엄마의 말을 잘 듣기로 다짐했답니다.

쓰기 위한 질문

* 이야기에서 답을 찾을 수 있는 질문이에요. 질문에 답해 보면서 새로운 질문을 만들어 볼까요?
  (새로운 질문을 만들어도 좋고, 비슷하게 만들어 보는 연습을 해도 좋아요.)

1. 빨간모자는 숲길에서 누구를 만났나요?

2. 늑대는 빨간모자를 어떻게 속였나요?

3. 빨간모자가 위험에 처했을 때 누가 도와주었나요?

내가 만든 질문

* 생각 질문으로 더 많은 이야기를 나눠보세요.

1. 빨간모자가 엄마의 말을 들었다면 이야기가 어떻게 달라졌을까요?

2. 여러분은 빨간모자처럼 부모님의 말을 듣지 않아서 어려움을 겪은 적이 있었나요?

3. 늑대처럼 나쁜 마음을 가진 사람을 만났다면 어떻게 해야 할까요?

내가 만든 질문

쓰기 위한 쓰기

* **흐름을 따라가는 글쓰기**

  아래 문장을 보고 사건이 일어난 순서대로 1부터 5까지 적고, 문장을 따라 써 보세요.
  주요 사건을 순서대로 생각하다보면 이야기의 흐름을 쉽게 이해할 수 있어요.

주요 사건	순서
늑대가 빨간 모자를 덮치려 하자 사냥꾼이 나타나 빨간모자와 할머니를 구해주었어요.	5
옛날에 빨간 모자를 쓴 소녀가 할머니 집에 가고 있었어요.	
늑대는 빨간모자보다 먼저 할머니 집에 가서 할머니인 척하고 누워 있었어요.	
하지만 빨간모자는 숲에서 만난 늑대에게 할머니 집에 간다고 말했어요.	
엄마는 빨간모자에게 숲에서 낯선 사람과 이야기하지 말라고 당부했어요.	

❶

❷

❸

❹

❺ 늑대가 빨간 모자를 덮치려 하자 사냥꾼이 나타나 빨간모자와 할머니를 구해주었어요.

* 내가 만약 주인공이었다면…
"내가 만약 빨간 모자였다면?" 위험한 순간을 어떻게 넘겼을지 상상해서 써 보세요.

내가 만약 빨간 모자였다면, 나는

5 아기돼지 삼 형제

쓰기 위한 읽기

* 소리 내서 읽어 볼까요? 아빠 찬스, 엄마 찬스를 사용해도 좋아요.

옛날 옛적에 아기돼지 삼 형제가 살고 있었어요. 어느 날, 돼지 삼 형제는 각자 자신의 집을 짓기로 했어요. 첫째 돼지는 지푸라기로 빨리 집을 지었어요. 빨리 짓고 편하게 쉬고 싶었거든요. 둘째 돼지는 나무로 조금 더 튼튼하게 집을 지었어요. 셋째 돼지는 벽돌을 사용해 튼튼하고 단단한 집을 짓기로 했어요. 셋째 돼지는 오랜 시간 동안 공을 들여 집을 완성했답니다.

어느 날, 사나운 늑대가 배가 고파 첫째 돼지의 지푸라기 집 앞에 나타났어요.
"하나, 둘, 셋! 후-!" 하고 입김을 불자 지푸라기 집이 날아가 버렸어요. 첫째 돼지는 급히 둘째 돼지의 집으로 도망갔어요.
늑대는 다시 둘째 돼지의 나무 집 앞에 서서 입김을 불었어요.
"하나, 둘, 셋! 후-!"
나무 집도 부서지고 말았어요. 첫째와 둘째 돼지는 무서워하며 셋째 돼지의 집으로 도망갔어요.

마지막으로 늑대는 벽돌로 지어진 셋째 돼지의 집에 도착했어요. "하나, 둘, 셋! 후-!" 하고 입김을 불었지만, 벽돌집은 끄떡도 하지 않았어요. 늑대는 여러 번 시도했지만, 셋째 돼지의 집을 부술 수 없었어요. 화가 난 늑대는 굴뚝을 통해 집으로 들어가려고 했어요. 하지만 셋째 돼지가 굴뚝 아래서 뜨거운 물을 끓이고 있었어요. 늑대는 굴뚝으로 내려오자마자 뜨거운 물에 빠져 혼쭐이 나 도망가 버렸답니다.

그렇게 아기돼지 삼 형제는 서로의 지혜와 도움 덕분에 안전하게 살 수 있었어요.

쓰기 위한 질문

* 이야기에서 답을 찾을 수 있는 질문이에요. 질문에 답해 보면서 새로운 질문을 만들어 볼까요?
  (새로운 질문을 만들어도 좋고, 비슷하게 만들어 보는 연습을 해도 좋아요.)

1. 첫째 돼지는 왜 지푸라기로 집을 지었나요?

2. 셋째 돼지는 어떤 집을 짓기로 했나요?

3. 늑대는 왜 돼지 삼 형제의 집을 부수려고 했을까요?

내가 만든 질문

* 생각 질문으로 더 많은 이야기를 나눠보세요.

1. 첫째와 둘째 돼지가 좀 더 튼튼한 집을 지었더라면 이야기가 어떻게 바뀌었을까요?

2. 셋째 돼지가 늑대를 막을 여러 가지 방법을 생각해 보세요.

3. 돼지 삼형제는 어떻게 살고 있을까요?

내가 만든 질문

쓰기 위한 쓰기

* **이야기 속 한 장면 표현하기**

  아기 돼지 삼 형제의 집처럼 다양한 재료(종이, 막대, 레고 블로 등)를 사용해 자신만의 집을 만들어 보세요. (아이가 만든 집을 사진으로 찍어 이곳에 붙여 주세요.)

* 편지 쓰기

아기 돼지들을 괴롭히는 늑대에게 하고 싶은 말이 있나요? 늑대가 더 이상 돼지들을 괴롭히지 않도록 늑대에게 편지를 써 보세요. 늑대를 부르는 말부터 시작해 볼까요?

늑대에게

늑대야, 나는 　　　　　　　　　　(이)야.

6 벌거벗은 임금님

쓰기 위한 읽기

* 소리 내서 읽어 볼까요? 아빠 찬스, 엄마 찬스를 사용해도 좋아요.

옛날, 한 왕국에 옷을 너무나 사랑하는 임금님이 살고 있었어요. 그는 매일 새 옷을 입어 보며 자랑스러워했고, 주변 사람들 역시 그가 입은 옷을 보며 칭찬을 아끼지 않았어요.

어느 날 왕국에 두 사기꾼이 찾아왔어요. 그들은 임금님에게 "어리석거나 무능한 사람에게는 보이지 않는 특별한 옷을 만들 수 있다"고 말했어요. 임금님은 무척 신기해하며 그 옷을 만들어 달라고 명령했어요. 사람들에게 특별한 옷을 입은 자신의 모습을 자랑하고 싶은 마음에 임금님은 사기꾼들에게 돈과 값비싼 옷감을 아낌없이 내주었어요.

사기꾼들은 아무것도 없는 빈 베틀에 앉아 열심히 일하는 척을 했어요. 시간이 지나자 임금님은 옷이 잘 만들어지고 있는지 궁금해하며 신하들을 보냈어요. 신하들은 아무것도 보이지 않았지만, 어리석어 보이기 싫어 "정말 아름다운 옷입니다!"라고 말하며 거짓말을 했어요. 임금님은 다른 신하들도 보내 상황을 확인하게 했고, 모두 어리석어 보일까 두려워 사기꾼들의 말을 믿는 척했어요. 그들은 모두 "아름다운 옷입니다!"라고 임금님께 보고했어요. 임금님 역시 신하들의 칭찬을 들으며 보이지 않는 옷을 믿게 되었고, 사기꾼들에게 큰 보상까지 해 주었어요.

드디어 임금님은 '보이지 않는 옷'을 입고 거리로 나섰어요. 임금님을 보기 위해 모인 사람들은 아무것도 보이지 않음에도 서로 눈치를 보며 정말 멋진 옷이라고 칭찬하기 시작했어요.

그런데 그때, 한 어린아이가 "임금님이 벌거벗었어요!"라고 외쳤어요. 사람들은 아이의 말을 듣자마자 숨겨왔던 진실을 깨달았고, 임금님이 사기꾼들에게 속았다는 사실도 알게 되었어요. 임금님은 그제야 부끄러움에 얼굴이 새빨개졌고, 자신의 어리석음을 깨닫게 되었답니다.

쓰기 위한 질문

* 이야기에서 답을 찾을 수 있는 질문이에요. 질문에 답해 보면서 새로운 질문을 만들어 볼까요?
  (새로운 질문을 만들어도 좋고, 비슷하게 만들어 보는 연습을 해도 좋아요.)

1. 임금님은 왜 특별한 옷을 입고 싶어 했나요?

2. 신하들은 왜 보이지 않는 옷을 아름답다고 했나요?

3. 어린아이가 '임금님이 벌거벗었다'라고 했을 때 임금님은 무엇을 깨달았나요?

내가 만든 질문

* 생각 질문으로 더 많은 이야기를 나눠보세요.

1. 임금님이 사기꾼들의 진실을 알고 있었다면 어떻게 행동했을까요?

2. 용기는 언제 필요할까요?

3. 사람들의 반응에 따라 솔직하게 말하는 것이 어려운 이유는 무엇일까요?

내가 만든 질문

쓰기 위한 쓰기

* **이야기 속 한 장면 표현하기**
임금님한테 입혀주고 싶은 멋진 옷을 상상하며 그림으로 표현해 보세요.

✻ 뒷이야기 상상해서 쓰기

　임금님이 어떻게 변했을지 상상하며 뒷이야기를 써 보세요.

1 장화 신은 고양이

쓰기 위한 읽기

* 소리 내서 읽어 볼까요? 아빠 찬스, 엄마 찬스를 사용해도 좋아요.

옛날 어느 마을에 가난한 방앗간 주인이 세 아들과 함께 살았어요. 그는 세상을 떠나면서 아들들에게 유산을 남겼어요. 큰아들에게는 방앗간을, 둘째에게는 당나귀를, 막내에게는 고양이 한 마리를 물려주었어요. 막내아들은 고양이만 받아서 실망했지만, 고양이는 웃으며 말했어요.

"주인님, 저를 믿어 주세요. 장화 한 켤레만 사주시면 제가 주인님을 부자로 만들어 드릴게요!"

막내아들은 고양이의 말을 듣고 마지막 돈으로 장화를 사주었어요. 장화를 신은 고양이는 멋지게 걷더니 깊은 숲으로 들어갔어요. 거기서 산토끼를 잡아 왕에게 선물하며 말했어요.

"폐하, 이 산토끼는 마르키 드 카라바님이 보내신 선물입니다."

왕은 고양이가 말하는 '마르키 드 카라바'라는 이름에 관심을 가졌어요. 고양이는 집으로 돌아와 주인에게 새로운 계획을 말했어요.

"주인님, 강가로 가서 목욕을 하세요. 제가 나머지는 알아서 할게요!"

막내아들은 고양이의 말을 믿고 강에서 목욕을 했어요. 그때 마침 왕이 마차를 타고 지나갔어요. 고양이는 왕에게 달려가 소리쳤어요.

"왕이시여! 도와주세요! 제 주인, 마르키 드 카라바님이 강에서 옷을 도둑맞았습니다!"

고양이의 말을 들은 왕은 막내아들에게 멋진 옷을 가져다주었어요. 왕은 그가 귀족처럼 보이자 호기심을 가지게 되었고, 공주도 막내아들을 보고 관심을 가졌어요. 그 뒤에도 고양이는 똑똑한 계획을 세웠어요. 고양이는 주변 영주와 농부들에게 이렇게 말했어요.

"왕이 오시면 이 모든 땅이 마르키 드 카라바님의 것이라고 말하세요. 그러면 좋은 일이 생길 겁니다."

농부들과 영주들은 고양이의 말을 따랐고, 왕은 마르키 드 카라바가 부자라고 믿게 되어 막내 공주와 결혼을 시켰어요. 그 이후 두 사람과 장화 신은 고양이는 성에서 행복하게 살았답니다.

쓰기 위한 질문

* 이야기에서 답을 찾을 수 있는 질문이에요. 질문에 답해 보면서 새로운 질문을 만들어 볼까요?
  (새로운 질문을 만들어도 좋고, 비슷하게 만들어 보는 연습을 해도 좋아요.)

1. 아버지가 세 아들에게 남긴 유산은 무엇인가요?

2. 고양이가 왕에서 선물한 것은 무엇인가요?

3. 고양이는 주변 영주들과 농부들에게 왕이 오시면 어떻게 말하라고 하였나요?

내가 만든 질문

* 생각 질문으로 더 많은 이야기를 나눠보세요.

1. 고양이가 지혜를 발휘하지 않았다면 막내아들은 어떤 삶을 살게 되었을까요?

2. 만약 우리가 막내아들처럼 고양이의 말을 믿어야 하는 상황이라면 어떻게 했을 것 같나요?

3. 장화 신은 고양이처럼 똑똑하고 용감한 친구가 있다면 어떤 도움을 받고 싶나요?

내가 만든 질문

쓰기 위한 쓰기

* **이야기 속 한 장면 표현하기**

  장화 신은 고양이가 신었을 멋진 장화를 상상하며 장화를 그리고 설명해 보세요.

✱ 내가 만약 주인공이었다면…
만약 내가 장화 신은 고양이라면 주인을 위해 어떤 도움을 줄 수 있을지 생각해 보고 적어 보세요.

내가 만약 장화 신은 고양이라면

8 황금 알을 낳는 거위

쓰기 위한 읽기

* 소리 내서 읽어 볼까요? 아빠 찬스, 엄마 찬스를 사용해도 좋아요.

> 옛날 옛적, 가난한 농부와 그의 아내가 살고 있었어요. 그들은 매일 열심히 일했지만, 가난에서 벗어나기가 어려웠어요.
>
> 그러던 어느 날, 농부는 시장에서 아주 특별한 거위를 사 왔어요. 그 거위는 다른 거위들과는 달랐어요. 매일 아침 반짝반짝 빛나는 황금 알을 한 개씩 낳았기 때문이에요. 농부와 아내는 황금 알을 팔아 점차 생활이 나아지기 시작했어요. 굶주림에 시달리지 않았고, 필요한 물건도 살 수 있었어요. 부유해지며 행복하게 살게 되었어요.
>
> 하지만 시간이 지나면서 농부와 아내는 욕심을 부리기 시작했어요.
> "거위가 매일 하나씩만 황금 알을 낳는다면, 한 번에 많은 황금 알을 낳게 할 수 있지 않을까?" 농부의 말에 아내도 동의했어요. 그들은 거위의 배 속에 황금 알이 가득 차 있을 것이라고 믿었고, 그렇게 되면 더 많은 황금 알을 얻을 수 있을 거라고 생각했어요.
>
> 결국 농부와 아내는 거위를 조심스럽게 잡아 배를 갈라 보기로 했어요. '배 속에 황금 알이 가득 차 있을 거야!' 기대에 찬 마음으로 거위를 잡고 배를 갈랐어요. 그러나 놀랍게도, 거위의 배 속에는 황금 알이 하나도 없었어요. 게다가 거위는 그 자리에서 죽고 말았어요.
>
> 농부와 아내는 더 이상 황금 알을 얻을 수 없게 되었어요. 그들은 후회했지만 소용없었어요. 욕심을 부리다가 중요한 것을 잃어버린 거예요. 하루에 하나씩 얻는 황금 알이 진정한 보물임을 깨달은 농부와 아내는 더 이상 욕심을 부리지 않고 열심히 살았답니다.

쓰기 위한 질문

* 이야기에서 답을 찾을 수 있는 질문이에요. 질문에 답해 보면서 새로운 질문을 만들어 볼까요?
  (새로운 질문을 만들어도 좋고, 비슷하게 만들어 보는 연습을 해도 좋아요.)

1. 거위는 매일 무엇을 낳았나요?

2. 농부와 아내는 왜 거위의 배를 가르려고 했나요?

3. 농부와 아내가 후회한 이유는 무엇일까요?

내가 만든 질문

* 생각 질문으로 더 많은 이야기를 나눠보세요.

1. 농부가 욕심을 부리지 않았다면 어떻게 되었을까요?

2. 매일 조금씩 이루어지는 것은 무엇이 있을까요?

3. 욕심을 부리면 어떤 일이 일어날지 생각해 본 적이 있나요?

내가 만든 질문

쓰기 위한 쓰기

✱ **이야기 속 한 장면 표현하기**
　나만의 황금 알을 상상하며 그리고, 그 안에 넣고 싶은 특별한 것들을 표현해 보세요.

* 소개하는 글쓰기

 욕심을 부리지 않고도 행복하게 지낼 수 있는 방법이 있을까요?
 방법을 생각해 보고 동생이나 친구에게 알려주는 글을 써 보세요.

9 성냥팔이 소녀

쓰기 위한 읽기

* 소리 내서 읽어 볼까요? 아빠 찬스, 엄마 찬스를 사용해도 좋아요.

추운 겨울날 밤, 새하얀 눈이 내리고 사람들은 따뜻한 집 안에 모여 즐겁게 웃고 있었어요. 하지만 그곳에서 멀지 않은 곳에 성냥을 팔고 있는 작은 소녀가 있었답니다. 소녀는 맨발에 얇은 옷만 입고 있었고, 얼굴은 추위에 새빨갛게 얼어붙었어요. 소녀는 따뜻한 집에 들어가고 싶었지만, 성냥을 팔지 않으면 집에 돌아갈 수 없었어요.

소녀는 추위와 배고픔을 참으며 성냥을 팔아보려고 했지만, 아무도 소녀에게 관심을 기울이지 않았어요. 소녀는 너무 추워서 견딜 수 없었고, 얼어붙은 손을 녹이기 위해 성냥을 하나 켜 보았어요. 성냥을 켜자마자 따뜻한 난로가 눈앞에 나타났어요. 순간적으로 따뜻함을 느꼈지만, 성냥이 다 타자 환상은 사라지고 다시 추위가 찾아왔어요.

소녀는 다시 성냥을 켰어요. 이번에는 맛있는 음식이 가득한 식탁이 눈앞에 펼쳐졌어요. 소녀는 배고픔을 잊고 환상 속 음식을 먹으려고 손을 뻗었지만, 성냥불이 꺼지면서 모든 것이 사라졌어요. 마지막으로 세 번째 성냥을 켰어요. 이번에는 사랑하는 할머니가 나타나 소녀를 따뜻하게 안아주었어요. 할머니는 환하게 웃으며 소녀를 다정하게 감싸 주었어요.

할머니의 품에서 따뜻함과 위로를 느낀 소녀는 더 이상 추위나 배고픔을 느끼지 않았어요. 다음 날 아침, 사람들은 길 한편에서 얼어붙은 작은 소녀를 발견했어요. 소녀는 미소를 머금은 채로 조용히 잠들어 있었고, 더 이상 고통스럽지 않은 곳으로 떠났답니다.

쓰기 위한 질문

* 이야기에서 답을 찾을 수 있는 질문이에요. 질문에 답해 보면서 새로운 질문을 만들어 볼까요?
  (새로운 질문을 만들어도 좋고, 비슷하게 만들어 보는 연습을 해도 좋아요.)

1. 소녀는 왜 성냥을 켜기 시작했나요?

2. 성냥을 켤 때마다 소녀가 본 것은 무엇이었나요?

3. 소녀가 마지막 성냥을 켰을 때 나타난 사람은 누구였나요?

내가 만든 질문

* 생각 질문으로 더 많은 이야기를 나눠보세요.

1. 소녀가 느꼈던 외로움과 추위를 함께 생각해 볼까요? 우리 주변에 이런 어려운 상황에 있는 사람이 있을까요?

2. 소녀가 진짜 따뜻한 곳으로 갈 수 있었다면 무엇이 필요했을까요?

3. 우리가 소녀에게 도움이 될 방법은 어떤 게 있을까요?

내가 만든 질문

쓰기 위한 쓰기

* **이야기 속 한 장면 표현하기**

  소녀는 언제 행복했을까요? 소녀가 행복했을 것 같은 순간을 그리고 어떻게 행복을 느꼈을지 적어 보세요.

* 편지 쓰기

 소녀를 천국으로 데려간 할머니에게 편지를 쓰며 소녀에게 따뜻한 말을 전해 보세요.

10 브레멘 음악대

쓰기 위한 읽기

* 소리 내서 읽어 볼까요? 아빠 찬스, 엄마 찬스를 사용해도 좋아요.

옛날, 한 마을에 나이가 많아 힘이 약해진 동물들이 살고 있었어요. 우선, 당나귀는 열심히 일했지만 나이가 들자 주인에게 쫓겨났어요. 혼자가 된 당나귀는 '브레멘으로 가서 음악가가 되자!'고 결심했어요. 길을 걷던 당나귀는 주인에게 버려진 개를 만났고, 둘은 함께 브레멘으로 떠났어요.

조금 더 가다 지붕 위에서 울고 있는 고양이를 만났어요. 고양이도 나이가 많아 사냥을 못 하자 주인에게 쫓겨났어요. 당나귀와 개는 고양이에게 함께 브레멘으로 가자고 했어요. 다시 길을 떠난 세 친구는 닭을 만났어요. 닭은 새벽을 알리는 울음소리를 잘 못 낸다고 쫓겨났어요. 네 마리의 동물들은 모두 브레멘으로 가기로 했어요.

그런데 해가 지고 어두워지자 지치고 배가 고팠어요. 그때 한 작은 집에 불이 켜져 있는 것을 발견했어요. 동물들이 몰래 집 안을 들여다보니 도둑들이 금은보화를 쌓아 놓고 먹고 마시고 있었어요.
"우리가 힘을 합쳐 저 도둑들을 쫓아내자!"
네 동물은 힘을 합쳐 도둑들을 쫓아내기로 했어요. 당나귀는 창문 아래에 서고, 개는 당나귀 위에 올라타고, 고양이는 개 위에, 닭은 고양이 위에 올라섰어요. 그리고 큰 소리로 울며 창문으로 뛰어들었어요.
"히이잉! 멍멍! 야옹! 꼬끼오!"
도둑들은 깜짝 놀라 도망쳤어요.

도둑들을 쫓아낸 네 마리의 동물들은 그 집에서 맛있는 음식을 먹고 편안히 쉬었어요. 비록 브레멘 음악대는 되지 못했지만, 친구들과 안전한 집에서 행복하게 살았답니다.

쓰기 위한 질문

* 이야기에서 답을 찾을 수 있는 질문이에요. 질문에 답해 보면서 새로운 질문을 만들어 볼까요?
  (새로운 질문을 만들어도 좋고, 비슷하게 만들어 보는 연습을 해도 좋아요.)

1. 당나귀는 왜 브레멘으로 가려고 했나요?

2. 고양이와 닭은 왜 집을 떠나게 되었나요?

3. 동물들이 도둑을 쫓아낼 수 있었던 이유는 무엇이었나요?

내가 만든 질문

* 생각 질문으로 더 많은 이야기를 나눠보세요.

1. 동물들이 힘을 합쳤을 때 어떤 일이 일어났나요?

2. 친구들과 함께한다는 것이 왜 중요한지 생각해 볼까요?

3. 쫓겨났던 동물들이 함께 할 수 있었던 이유는 무엇일까요?

내가 만든 질문

쓰기 위한 쓰기

* **이야기 속 한 장면 표현하기**

  네 마리 동물을 색종이로 접거나 그려서 브레멘 음악대를 만들어 보세요. 그리고 이야기 속 동물들이 내는 소리를 흉내 내며 친구들과 재밌게 놀아 보세요.

* 뒷이야기 상상해서 쓰기

  내가 만약 브레멘에 간다면 어떤 역할을 하고 싶은지 생각해 보면서 뒷이야기를 써 보세요.

이렇게 지도해 주세요
— 일기 쉽게 쓰는 방법 —

1. 일기 쓰기 전 3가지를 생각해 보세요.

❶ 오늘 어떤 일이 가장 재밌었나요?

❷ 그때 기분은 어땠나요?

❸ 새로 알게 된 것, 다음에 더 잘하고 싶은 것은 무엇인가요?

2. 짧고 쉬운 문장으로 쓰기

❶ 길게 쓰려고 하지 않아도 돼요.

❷ 하루 중 가장 기억에 남는 일 한 가지만 쓰면 충분합니다.

3. 이렇게 시작해 보세요.

❶ 첫 문장: 오늘의 날짜와 날씨를 적으세요.
   (예) 2024년 12월 28일, 날씨가 맑았다.

❷ 두 번째 문장: 오늘 한 일을 한두 문장으로 써 보세요.
   (예) 오늘 친구랑 공원에서 놀았다.

❸ 세 번째 문장: 느낀 점이나 재미있었던 것을 적어 보세요.
   (예) 그네도 타고 줄넘기도 하며 신나게 놀았다.

❹ 마무리 문장: 새롭게 알 게 된 것, 다음에 더 잘하고 싶은 것을 적어 보세요.
   (예) 친구와 줄넘기를 하는데 3번을 더 넘었다. 내일은 5번을 더 넘고 싶다.

4. 일기 쓰기 예시

> 2025년 3월 5일 토요일, 날씨: 맑음 ☀
>
> 오늘 친구랑 공원에서 놀았다.
>
> 그네도 타고 줄넘기도 하며 신나게 놀았다.
>
> 줄넘기를 3번 더 넘었는데, 내일은 5번 더 넘고 싶다.

5. 일기를 재미있게 쓰는 팁

❶ 색연필로 귀여운 그림을 그려보세요.
　(예: 귤, 친구, 그네 그림)

❷ 꼭 잘 쓰려고 하지 않아도 돼요. 자기 생각을 솔직하게 적는 게 제일 중요하다는 것을 기억해 주세요.

❸ 매일 2~3문장만 적는 작은 목표부터 시작해 보세요.

11 해와 달이 된 오누이

쓰기 위한 읽기

* 소리 내서 읽어 볼까요? 아빠 찬스, 엄마 찬스를 사용해도 좋아요.

옛날 옛적에, 산골 마을에 사이좋은 오누이가 살았어요. 오빠는 착하고 듬직했으며, 동생은 밝고 귀여웠어요. 어느 날, 두 아이의 엄마가 장에 가면서 말했어요.

"애들아, 엄마가 돌아올 때까지 집에서 잘 놀고 기다리렴. 절대 누구에게도 문을 열어주면 안 된다."

엄마가 떠난 뒤, 오누이는 서로 도우며 기다렸어요. 그런데 해가 지고 어두워질 때쯤, 누군가 문을 두드렸어요.

"애들아, 엄마다! 문 열어라!"

동생이 문 쪽으로 가려 하자, 오빠가 말했어요.

"잠깐만! 엄마 목소리랑 다른데?"

오빠는 키 작은 의자를 가져와 창문으로 살짝 밖을 내다봤어요. 그런데 웬 할머니가 서 있는 게 아니겠어요? 자세히 보니 날카로운 이빨과 날카로운 손톱을 가진 호랑이였어요!

"엄마가 아니야! 호랑이야!" 오빠가 소리쳤어요.

호랑이는 문을 열지 않자, 소리를 내며 으르렁댔어요.

"문을 안 열면 집을 부수겠다!"

오누이는 급히 집 뒤쪽으로 도망쳤어요. 오빠는 동생의 손을 꼭 잡고 산으로 뛰었어요. 호랑이가 뒤를 쫓아왔어요.

"으악! 오빠, 무서워!" 동생이 울먹이자, 오빠가 말했어요.

"걱정 마. 꼭 도망칠 수 있을 거야."

그때, 앞에 우물이 보였어요. 우물가에는 바가지가 하나 있었죠. 오빠는 기도하듯 두 손을 모았어요.

"하늘님, 저희를 도와주세요!"

그러자 하늘에서 줄이 내려왔어요. 오빠는 동생을 먼저 태우고, 줄을 당겨 하늘로 올라가게 했어요. 오빠도 재빨리 줄에 매달렸어요. 그때, 호랑이도 우물에 도착했어요. 호랑이도 줄을 잡고 따라 올라왔어요. 하지만 호랑이가 타고 있던 줄이 끊어져 우물로 떨어지고 말았어요. 오누이는 하늘로 올라가 오빠는 밝게 세상을 비추는 해가 되고, 동생은 조용히 밤을 지키는 달이 되었답니다.

쓰기 위한 질문

* 이야기에서 답을 찾을 수 있는 질문이에요. 질문에 답해 보면서 새로운 질문을 만들어 볼까요? (새로운 질문을 만들어도 좋고, 비슷하게 만들어 보는 연습을 해도 좋아요.)

1. 오누이의 엄마가 집을 떠나면서 당부한 말은 무엇이었나요?

2. 호랑이는 어떻게 오누이를 속이려고 했나요?

3. 오누이는 하늘로 올라가 무엇이 되었나요?

내가 만든 질문

* 생각 질문으로 더 많은 이야기를 나눠보세요.

1. 호랑이가 나쁜 행동을 한 이유는 무엇일까요?

2. 해와 달이 된 오누이에서 오빠는 해가 되고 동생은 달이 되었어요. 여러분이라면 해와 달 중 무엇이 되어 세상을 비추고 싶나요? 왜 그렇게 생각했나요?

3. 오빠는 동생의 손을 꼭 잡고 도망쳤어요. 여러분이라면 이런 상황에 어떻게 행동했을 것 같나요?

내가 만든 질문

쓰기 위한 쓰기

* 뒷이야기 상상해서 쓰기
  해와 달이 된 오누이가 하늘에서 어떻게 살고 있을지 상상해 보고, 뒷이야기를 이어서 써 보세요.

해와 달이 된 오누이는 서로 너무 보고 싶어 밤하늘에 다리를 만들기로 했다.

* 일기 쓰기

다음 예시를 활용하여 '해와 달이 된 오누이' 이야기를 일기로 써 보세요.

예시) 2024년 11월 5일 화요일
제목: 해와 달이 된 오누이

오늘 학교에서 선생님께서 '해와 달이 된 오누이' 이야기를 해 주셨다. 착한 오누이와 무서운 호랑이에 관한 이야기였다. 오누이는 엄마와 함께 살고 있었는데, 호랑이가 오누이의 엄마를 잡아먹었고, 오누이까지 잡아먹으려고 한 장면이 매우 슬펐다. 하지만 지혜롭게 호랑이를 속이고 하늘로 올라가 오빠는 해가 되고, 동생은 달이 되었다. 그래서 이제는 밤하늘에서 서로를 지켜주고 있다.

오늘 이 이야기를 듣고, 착한 마음과 용기가 정말 중요하다는 것을 배웠다. 그리고 만약 누군가가 어려운 상황에 처하면, 내가 어떻게 도와줄 수 있을지 생각해 봐야겠다. 정말 멋진 이야기를 들어서 기분이 좋았다.

년   월   일   날씨 :

12 흥부와 놀부

쓰기 위한 읽기

* 소리 내서 읽어 볼까요? 아빠 찬스, 엄마 찬스를 사용해도 좋아요.

옛날에 흥부와 놀부 형제가 살았어요. 놀부는 부자였지만 욕심이 많고 심술궂었어요. 반면, 흥부는 가난했지만 마음씨가 착해 어려운 사람들을 도우며 살았어요.

어느 날, 흥부는 마당에서 다친 제비 한 마리를 발견했어요. 제비는 다리가 부러져 날지 못하고 울고 있었어요. 흥부는 제비를 집으로 데려와 천으로 다리를 정성껏 감싸고 먹이를 주며 돌봤어요. 시간이 지나 제비는 건강을 되찾아 하늘로 날아갔어요. 흥부는 제비를 보며 웃으며 말했어요.

"건강하게 잘 살아라!"

그다음 해 가을, 흥부의 집에 제비가 돌아왔어요. 제비는 부리로 커다란 박씨를 물고 와 흥부에게 주었어요. 흥부는 그 씨를 심었고, 얼마 후 커다란 박이 열렸어요. 흥부는 가족들과 함께 박을 쪼갰는데 그 안에서 돈, 곡식, 보석이 쏟아져 나왔어요. 흥부 가족은 제비 덕분에 가난에서 벗어나게 되었어요.

이 소식을 들은 놀부는 흥부를 부러워하며 생각했어요.

"흥부가 제비를 돌봐서 보물을 받았다면, 나도 제비에게 선물을 받을 수 있겠구나!"

놀부는 일부러 제비 한 마리를 잡아 다리를 부러뜨렸어요.

"나에게도 박씨를 가져와야 한다!"

놀부는 제비를 겁주며 대충 치료한 뒤 날려 보냈어요.

얼마 후, 제비는 놀부에게도 박씨를 물어다 주었어요. 놀부는 큰 기대를 하며 박씨를 심었고, 박이 열리자 바로 쪼갰어요. 그러나 박 속에서는 보물 대신 도깨비들이 튀어나왔어요!

"욕심쟁이 놀부야! 벌을 받아라!"

도깨비들은 놀부의 집을 엉망으로 만들고, 모든 재산을 가져가 버렸어요.

그제야 놀부는 자신의 잘못을 깨달았어요.
"내가 너무 욕심을 부렸구나. 흥부처럼 착하게 살아야겠다."
놀부는 그날부터 착한 마음으로 살았답니다.

쓰기 위한 질문

* 이야기에서 답을 찾을 수 있는 질문이에요. 질문에 답해 보면서 새로운 질문을 만들어 볼까요?
  (새로운 질문을 만들어도 좋고, 비슷하게 만들어 보는 연습을 해도 좋아요.)

1. 흥부는 왜 제비의 다리를 치료해 주었나요?

2. 흥부가 얻은 박 속에는 무엇이 들어 있었나요?

3. 놀부는 왜 제비를 잡아서 다리를 부러뜨렸나요?

내가 만든 질문

* 생각 질문으로 더 많은 이야기를 나눠보세요.

1. 제비는 왜 흥부에게 보물을 가져다주었을까요?

2. 놀부가 욕심을 부리지 않았다면 어떤 일이 일어났을까요?

3. 다른 사람을 도울 때 어떤 기분이 드는지 생각해 보고 적어 보세요.

내가 만든 질문

쓰기 위한 쓰기

* **이야기 속 한 장면 표현하기**
  박 열기 놀이를 해 볼까요? 커다란 박 그림을 그리고, 그 안에 넣고 싶은 보물을 적어 보세요.

* 내가 만약 주인공이라면…
  내가 만약 흥부(놀부)라면 제비에게 어떤 도움을 주었을지 상상해서 적어 보세요.

13 금도끼와 은도끼

쓰기 위한 읽기

* 소리 내서 읽어 볼까요? 아빠 찬스, 엄마 찬스를 사용해도 좋아요.

옛날 어느 산골 마을에 착하고 성실한 나무꾼이 살고 있었어요. 나무꾼은 매일 산에 올라 나무를 베어 살았고, 자신의 튼튼한 도끼를 매우 소중히 여겼어요. 하지만 어느 날, 나무꾼은 나무를 베다가 도끼를 호수에 빠뜨리고 말았어요. 물은 깊고 투명하지 않아 도끼가 어디로 사라졌는지 보이지 않았어요. 나무꾼은 몹시 슬퍼했어요. 도끼 없이는 나무를 베지도 못하고, 살 수도 없었기 때문이에요.

그때, 호수에서 갑자기 물결이 일렁이더니 산신령이 나타났어요. 산신령은 나무꾼의 걱정스러운 표정을 보며 물었어요.

"어찌하여 이렇게 슬퍼하고 있느냐?"

나무꾼은 눈물을 흘리며 대답했어요.

"제가 실수로 도끼를 호수에 빠뜨리고 말았습니다. 그 도끼 없이는 살 수가 없습니다."

산신령은 나무꾼의 말에 고개를 끄덕이며 호수 속으로 들어갔다가 잠시 후 금빛이 번쩍이는 도끼를 들고 올라왔어요.

"이것이 네 도끼냐?" 산신령이 물었어요.

나무꾼은 반짝이는 금도끼를 보고 놀랐지만, 솔직하게 대답했습니다.

"아니요, 저의 도끼는 금도끼가 아닙니다."

산신령은 다시 호수 속으로 들어가더니 이번에는 은빛으로 빛나는 도끼를 들고 나왔어요.

"그럼 이 도끼가 네 도끼냐?" 산신령이 다시 물었어요.

나무꾼은 은도끼를 보고 잠시 고민했지만, 곧 고개를 저으며 대답했어요.

"아니요, 제 도끼는 은도끼가 아닙니다."

산신령은 마지막으로 호수 속에서 나무로 된 낡은 도끼를 꺼내 보여주며 물었어요.
"그렇다면 이 도끼가 네 도끼냐?"
나무꾼은 기쁜 얼굴로 대답했습니다.
"네, 이 도끼가 바로 제 도끼입니다."

산신령은 나무꾼의 정직함에 감동하여 금도끼와 은도끼 모두 선물로 주었어요.
"네가 정직한 마음으로 진실을 말했다. 그러니 이 금도끼와 은도끼를 모두 네게 주마."
나무꾼은 뜻밖의 선물에 크게 감사하며, 세 도끼를 들고 집으로 돌아왔어요. 사람들은 그의 정직함을 칭찬하며 본받으려 했고, 나무꾼은 항상 정직하게 살았답니다.

쓰기 위한 질문

* 이야기에서 답을 찾을 수 있는 질문이에요. 질문에 답해 보면서 새로운 질문을 만들어 볼까요?
  (새로운 질문을 만들어도 좋고, 비슷하게 만들어 보는 연습을 해도 좋아요.)

1. 나무꾼이 도끼를 잃어버린 곳은 어디인가요?

2. 나무꾼은 왜 금도끼와 은도끼를 거절했나요?

3. 산신령은 왜 금도끼와 은도끼를 나무꾼에게 선물했나요?

내가 만든 질문

* 생각 질문으로 더 많은 이야기를 나눠보세요.

1. 정직하게 행동하면 어떤 좋은 일이 생길까요?

    ....

2. 나무꾼이 거짓말을 했다면 어떤 일이 일어났을까요?

    ....

3. 만약 여러분이 나무꾼이었다면 어떻게 했을 것 같나요?

    ....

   내가 만든 질문

    ....

쓰기 위한 쓰기

* 이야기 속 한 장면 표현하기
  나무꾼처럼 정직하게 행동했을 때 받을 수 있는 선물을 상상해서 그려 보세요.

✱ 일기 쓰기

나무꾼의 하루를 일기로 써 보세요.

14 콩쥐 팥쥐

쓰기 위한 읽기

* 소리 내서 읽어 볼까요? 아빠 찬스, 엄마 찬스를 사용해도 좋아요.

옛날에 콩쥐라는 착한 소녀가 살고 있었어요. 콩쥐의 엄마는 일찍 돌아가셨고, 아빠는 새어머니와 딸 팥쥐를 데리고 왔어요. 처음에는 새어머니와 팥쥐가 콩쥐에게 잘해 주는 척했지만, 시간이 지나면서 콩쥐에게 힘든 집안일만 시키고 미워했어요. 콩쥐는 매일 고된 일을 하면서도 꿋꿋이 참으며 지냈답니다.

어느 날, 마을에서 큰 잔치가 열린다는 소식이 들렸어요. 새어머니와 팥쥐는 예쁜 옷을 입고 잔치에 가기로 했지만, 콩쥐에게는 힘든 집안일을 잔뜩 시키며 가지 못하게 했어요. 팥쥐는 콩쥐에게 쌀에서 검은 돌을 모두 골라내라는 어려운 일을 시켰어요. 콩쥐는 잔치에 가고 싶었지만, 일을 다 못 끝낼까 봐 속상해하며 눈물을 흘렸답니다.

그때 선녀가 나타나 "콩쥐야, 내가 도와줄게. 이 옷을 입고 잔치에 다녀오렴."이라고 말하며 아름다운 비단옷과 꽃신을 주었어요. 선녀의 도움으로 콩쥐는 일을 모두 끝내고 잔치에 갈 수 있었어요. 서둘러 잔치로 가던 콩쥐는 강가에 꽃신 한 짝을 빠뜨리고 말았어요.

때마침 강을 지나가던 원님이 꽃신을 발견하고 그 주인을 찾기 시작했어요. 하지만 꽃신의 주인은 어디에도 없었어요. 마지막으로 콩쥐네 집에 온 원님은 꽃신의 주인이 콩쥐임을 알게 되었어요. 콩쥐는 자신을 미워했던 새어머니와 팥쥐를 용서하고, 원님의 아내가 되어 행복하게 살았답니다.

쓰기 위한 질문

* 이야기에서 답을 찾을 수 있는 질문이에요. 질문에 답해 보면서 새로운 질문을 만들어 볼까요?
  (새로운 질문을 만들어도 좋고, 비슷하게 만들어 보는 연습을 해도 좋아요.)

1. 콩쥐의 엄마가 돌아가신 후, 누가 콩쥐의 새 가족으로 들어왔나요?

2. 팥쥐는 콩쥐에게 잔치에 가지 못하도록 어떤 일을 시켰나요?

3. 원님이 꽃신을 발견한 곳은 어디였나요?

내가 만든 질문

* 생각 질문으로 더 많은 이야기를 나눠보세요.

1. 새어머니와 팥쥐는 왜 콩쥐에게 힘든 일을 시키고 미워했을까요?

2. 콩쥐가 선녀의 도움을 받았을 때 어떤 기분이 들었을까요?

3. 콩쥐는 새어머니와 팥쥐를 왜 용서했을까요?

내가 만든 질문

쓰기 위한 쓰기

* **한 문장 따라 쓰기**

"콩쥐야, 내가 도와줄게. 이 옷을 입고 잔치에 다녀오렴."

콩쥐가 잔치에 가지 못하고 있을 때, 선녀가 나타나 한 말이에요. 따라 써 보세요.

"	콩	쥐	야	,	내	가		도
와	줄	게	.		이		옷	을
	입	고		잔	치	에		다	녀
오	렴	."						
"	콩	쥐	야	,	내	가		도
와	줄	게	.		이		옷	을
	입	고		잔	치	에		다	녀
오	렴	."						

* 흐름을 따라가는 글쓰기

아래 문장을 보고 사건이 일어난 순서대로 1부터 5까지 적고, 문장을 따라 써 보세요.
주요 사건을 순서대로 생각하다 보면 이야기의 흐름을 쉽게 이해할 수 있어요.

주요 사건	순서
잔치에 가던 콩쥐는 강가에 꽃신 한 짝을 빠뜨렸고, 원님이 꽃신의 주인을 찾기 시작했어요.	
선녀가 나타나 콩쥐를 도와주며 비단옷과 꽃신을 주었고, 콩쥐는 잔치에 갈 수 있었어요.	
마을에서 큰 잔치가 열렸지만, 새어머니와 팥쥐는 콩쥐에게 어려운 일을 시키며 잔치에 가지 못하게 했어요.	
원님은 꽃신의 주인이 콩쥐임을 찾아내 콩쥐와 결혼했으며, 콩쥐는 새어머니와 팥쥐를 용서하고 행복하게 살았어요.	
콩쥐는 새어머니와 팥쥐에게 미움을 받으며 힘든 집안일을 하며 살았어요.	1

❶ 콩쥐는 새어머니와 팥쥐에게 미움을 받으며 힘든 집안일을 하며 살았어요.

❷

❸

❹

❺

15 심청전

쓰기 위한 읽기

* 소리 내서 읽어 볼까요? 아빠 찬스, 엄마 찬스를 사용해도 좋아요.

옛날, 한 나라에 심청이라는 착한 소녀가 살고 있었어요. 심청의 어머니는 심청이 어릴 때 세상을 떠났고, 심청은 눈이 보이지 않는 아버지와 단둘이 힘겹게 살고 있었어요.

어느 날, 심청의 아버지는 심청을 마중 나가다가 발을 헛디뎌 강물에 빠지고 말았어요. 다행히 지나가던 스님의 도움으로 목숨을 구했지만, 스님은 눈을 뜨려면 공양미 삼백 석을 시주하고 부처님께 기도해야 한다고 말했어요. 아버지는 이 이야기를 심청에게 전하며 걱정스러운 표정을 지었어요.

며칠 후, 심청은 아버지를 위해 뱃사람들에게 공양미 삼백 석을 받고 제물이 되기로 했어요. 심청은 아버지의 눈이 뜨이길 간절히 바라며 바다에 몸을 던졌어요.

바다에 빠진 심청이 눈을 떠보니 신비로운 빛 속에 선녀처럼 아름다운 어머니가 나타났어요. 어머니는 심청을 따뜻하게 안아주며 말했어요.

"청아, 아버지를 부탁한다. 인간 세상으로 돌아가 아버지를 지켜주렴."

어머니는 심청을 커다란 연꽃에 태워 인간 세상으로 보내주었어요.

연꽃은 물 위를 떠다니다가 임금님이 있는 궁궐로 향했어요. 궁궐의 연못에서 커다란 연꽃이 활짝 피었고, 그 안에서 심청이 나왔어요. 임금님은 심청의 아름다움과 효심 깊은 이야기에 감동하여 그녀를 아내로 맞이했답니다.

임금님은 심청을 위해 눈이 보이지 않는 사람들을 위한 잔치를 열기로 했어요. 전국에서 수많은 사람들이 모였지만, 심청의 아버지는 나타나지 않았어요. 잔치가 끝나갈 무렵, 한 남자가 허겁지겁 들어오더니 눈물을 흘리며 말했어요.

"제가 큰 죄를 지었습니다. 딸에게 너무 큰 희생을 요구했어요."

심청은 그 목소리를 듣고 아버지임을 알아차렸어요. 그녀는 아버지에게 달려가 말했어요.

"아버지, 저 청이에요. 제가 여기 있어요."

그때 갑자기 심봉사의 눈에 청이가 보였어요. 두 사람은 서로를 끌어안으며 눈물을 흘렸어요. 심청은 아버지를 모시고 임금님과 함께 오래오래 행복하게 살았답니다.

쓰기 위한 질문

* 이야기에서 답을 찾을 수 있는 질문이에요. 질문에 답해 보면서 새로운 질문을 만들어 볼까요?
  (새로운 질문을 만들어도 좋고, 비슷하게 만들어 보는 연습을 해도 좋아요.)

1. 심청이는 왜 바다에 뛰어들었나요?

2. 심청이는 바다에 뛰어들어 누구를 만났나요?

3. 연꽃은 어디에서 피었나요?

내가 만든 질문

* 생각 질문으로 더 많은 이야기를 나눠보세요.

1. 심청은 왜 아버지를 위해 자신을 희생하려고 했을까요?

2. 심청이 바다로 떠나기 전 아버지에게 뭐라고 말했을까요?

3. 여러분이 심청이라면 어떻게 했을 것 같나요?

내가 만든 질문

쓰기 위한 쓰기

* **소개하는 글쓰기**

아버지의 눈을 고치기 위해 바다에 뛰어든 효녀 심청의 이야기를 친구에게 소개하는 글을 써 보세요.

* 흐름을 따라가는 글쓰기

   아래 문장을 보고 사건이 일어난 순서대로 1부터 5까지 적고, 문장을 따라 써 보세요.
   주요 사건을 순서대로 생각하다 보면 이야기의 흐름을 쉽게 이해할 수 있어요.

주요 사건	순서
어머니는 심청을 연꽃에 태워 인간 세상으로 보냈고, 연꽃은 궁궐에 있는 임금님 앞에 피었어요.	
심청은 눈이 보이지 않는 아버지를 위해 열심히 일을 하며 보살폈어요.	1
심청은 아버지를 위해 공양미 삼백 석을 받고 바다에 몸을 던졌고, 그 후 선녀처럼 아름다운 어머니를 만났어요.	
아버지는 강물에 빠져 스님의 도움으로 목숨을 구한 후, 눈을 뜨기 위해 공양미 삼백 석을 시주해야 한다는 말을 심청에게 전했어요.	
심청은 임금님의 아내가 되어 눈이 보이지 않는 사람들을 위한 잔치를 열었고, 아버지는 그 자리에 나타나 딸을 찾고 감동의 재회를 했어요.	

❶　심청은 눈이 보이지 않는 아버지를 위해 열심히 일을 하며 보살폈어요.

❷

❸

❹

❺

16 두루미와 여우의 식사

쓰기 위한 읽기

* 소리 내서 읽어 볼까요? 아빠 찬스, 엄마 찬스를 사용해도 좋아요.

옛날 옛날에, 숲속에 욕심 많은 여우가 살고 있었어요. 여우는 항상 혼자 지내서 심심했어요. 그러던 어느 날, 숲속에서 물고기를 잡고 있는 아름다운 두루미를 발견했어요. 여우는 두루미가 너무 부러워서 친구가 되고 싶었어요.

"두루미 씨, 오늘 저녁 같이 먹을까요?" 여우가 두루미에게 말했어요.

두루미는 기쁘게 대답했어요.

"좋아요, 여우씨! 그럼 저도 저녁을 준비할게요."

여우는 두루미가 무엇을 준비할지 궁금했어요. 두루미는 정말 맛있는 음식을 준비할 거라고 생각했어요. 그날 저녁, 두루미는 여우네 집에 갔어요. 여우는 자신이 만든 음식을 두루미에게 가져갔어요. 그 음식은 깊고 넓은 그릇에 담겨 있었어요. 그런데 두루미는 길고 긴 부리를 가지고 있어서 여우가 가져온 음식을 먹을 수 없었어요.

두루미는 웃으며 말했어요.

"여우 씨, 제가 준비한 음식을 먹어보는 게 어때요?"

여우는 두루미가 준비한 음식을 먹으러 갔어요. 그런데 두루미가 준비한 음식은 긴 호리병에 들어 있었어요. 여우는 짧은 입을 가지고 있어서 호리병에 담긴 음식을 먹을 수 없었어요. 여우와 두루미는 서로가 준비한 음식을 먹을 수 없다는 것을 보고, 부끄러워졌어요.

두루미는 여우에게 이렇게 말했어요.

"여우 씨, 우리는 서로 준비한 음식을 먹을 수 없어요. 다음에는 서로의 입에 맞게 음식을 준비하는 게 좋겠어요."

여우는 고개를 끄덕이며 말했어요.

"맞아요, 두루미 씨. 앞으로는 서로를 배려하면서 지내야겠어요."

그날 이후 여우와 두루미는 서로 배려하며 친구가 되었어요. 두 친구는 서로의 차이를 이해하고, 서로를 도와주며 행복하게 지냈답니다.

쓰기 위한 질문

* 이야기에서 답을 찾을 수 있는 질문이에요. 질문에 답해 보면서 새로운 질문을 만들어 볼까요?
  (새로운 질문을 만들어도 좋고, 비슷하게 만들어 보는 연습을 해도 좋아요.)

1. 여우는 왜 두루미를 저녁 식사에 초대했나요?

2. 두루미가 여우의 음식을 먹을 수 없었던 이유는 무엇이었나요?

3. 여우와 두루미는 서로의 음식을 먹지 못하자 어떻게 하기로 했나요?

내가 만든 질문

* 생각 질문으로 더 많은 이야기를 나눠보세요.

1. 여우와 두루미는 어떻게 음식을 준비하는 게 더 좋을까?

2. 배려란 무엇일까요? 친구에게 배려해 본 경험을 써 주세요.

3. 여우와 두루미가 서로 배려한다면 어떤 일이 일어날까요?

내가 만든 질문

쓰기 위한 쓰기

* **이야기 속 한 장면 표현하기**
  여우와 두루미가 준비하면 좋을 그릇을 그리고 서로에게 고마움을 표현하는 글을 써 보세요.

* 동화 다시 쓰기
여우와 두루미처럼 음식을 나누는 이야기를 써보세요. 다른 동물들이 등장할 수도 있고, 친구나 가족과 나누는 이야기로 써도 좋아요.

17 왕자와 거지

쓰기 위한 읽기

* 소리 내서 읽어 볼까요? 아빠 찬스, 엄마 찬스를 사용해도 좋아요.

옛날에 에드워드라는 왕자가 성에서 살았어요. 에드워드는 성안에서 맛있는 음식을 먹고 멋진 옷을 입으며 살았지만, 매일 똑같은 생활이 재미없고 지루했어요. 그래서 성 밖에서 사람들이 어떻게 사는지 궁금했어요.

어느 날, 에드워드는 성 밖에서 술에 취한 아버지를 피해 도망치는 톰이라는 소년을 발견했어요. 톰은 문지기에게 혼나고 있었지요. 에드워드는 톰이 불쌍해서 성안으로 데리고 들어갔어요. 성에서 톰은 처음으로 배불리 맛있는 음식을 먹었답니다.

에드워드는 자유로운 톰이 부러웠어요. 둘은 거울을 보며 서로 닮았다는 것을 알게 되었고, 재미 삼아 옷을 바꿔 입기로 했어요. 그런데 옷을 바꿔 입으니 누가 왕자이고 누가 거지인지 아무도 알아보지 못했어요. 에드워드는 톰의 옷을 입고 바깥세상으로 나갔어요. 그는 자유롭게 뛰어놀고, 헤엄도 치며 신나게 놀았답니다.

날이 어두워지자 성으로 돌아가려던 에드워드는 성문을 지키는 사람들에게 쫓겨났어요. "나는 왕자예요!"라고 외쳤지만 아무도 믿어주지 않았어요. 결국 톰의 아버지에게 잡혀 더러운 집으로 끌려갔어요. 톰의 집에는 편안한 의자도 없고, 온갖 물건이 어지럽게 널려 있었어요. 에드워드는 톰의 아버지가 잠든 틈에 집을 빠져나왔어요.

한편, 톰은 에드워드 왕자를 대신해 성안에서 생활하며 맛있는 음식을 먹고 편안하게 지냈어요. 그러나 밤이 되어도 에드워드가 돌아오지 않자 불안해졌어요. 톰은 자신이 왕자가 아니라고 말했지만 아무도 믿지 않았어요. 그러던 중 임금님이 세상을 떠나고 말았어요. 성안 사람들은 톰이 새 임금님이 되어야 한다고 했지만, 톰은 진짜 왕자인 에드워드를 기다렸답니다.

에드워드는 거리에서 거지처럼 살며 백성들이 얼마나 힘들게 사는지 알게 되었어요. 그러다 억울하게 도둑으로 몰려 감옥에 갇히기도 했어요. 감옥에서 톰이 임금이 된다는 소식을 들은 에드워드는 다시 성으로 돌아가기로 결심했어요.

임금님의 자리에 오르게 된 톰은 자신이 진짜 왕자가 아니라는 사실 때문에 걱정이 많았어요. 그런데 마침내 감옥에서 도망친 에드워드가 성으로 돌아왔어요. 에드워드는 숨겨둔 임금의 도장을 보여주며 자신이 진짜 왕자임을 증명했어요.

임금이 된 에드워드는 성 밖에서 겪은 일들을 떠올리며 백성들을 더 잘 돌보고 나라를 훌륭히 다스렸답니다.

쓰기 위한 질문

* 이야기에서 답을 찾을 수 있는 질문이에요. 질문에 답해 보면서 새로운 질문을 만들어 볼까요? (새로운 질문을 만들어도 좋고, 비슷하게 만들어 보는 연습을 해도 좋아요.)

1. 에드워드는 왜 성 밖으로 나가고 싶어 했나요?

2. 에드워드와 톰이 서로 옷을 바꿔 입었을 때 어떻게 보였나요?

3. 에드워드는 바깥세상에서 어떤 어려움을 겪었나요?

내가 만든 질문

* 생각 질문으로 더 많은 이야기를 나눠보세요.

1. 에드워드가 성 밖에서 백성들의 삶을 알게 된 뒤 어떤 마음이 들었을까요?

2. 톰이 성안에서 왕자처럼 지낼 때 왜 불안했을까요?

---

3. 만약 내가 톰이었다면, 바깥세상으로 돌아갔을까요? 아니면 왕으로 남았을까요?

내가 만든 질문

쓰기 위한 쓰기

* 시로 표현하기
  '왕자와 거지' 이야기를 시로 표현해 보세요.

* 독후감 쓰기

  서론, 본론, 결론을 갖추어 독후감 쓰기를 해 보세요.

서론 쓰기 (왕자와 거지를 읽고 어떤 점이 가장 흥미로웠는지 적어 보세요.)

본론 쓰기 (왕자와 거지를 읽고 중요한 이야기를 찾아 적어 보세요.)

결론 쓰기 (이야기에서 배운 점이나 느낀 점을 써 보세요.)

18 견우와 직녀

쓰기 위한 읽기

* 소리 내서 읽어 볼까요? 아빠 찬스, 엄마 찬스를 사용해도 좋아요.

옛날 옛날에 하늘나라에 견우와 직녀가 살고 있었어요. 견우는 하늘에서 소를 돌보는 착한 목동이었고, 직녀는 옥황상제의 딸로, 구름으로 하늘을 아름답게 꾸미는 일을 했어요.

어느 날, 견우와 직녀는 하늘에서 만나 첫눈에 사랑에 빠졌어요. 사랑에 빠진 직녀와 견우는 매일 같이 시간을 보내며 행복한 시간을 보냈어요.

하지만 직녀가 견우와 놀기만 하고, 하늘을 꾸미는 일을 하지 않자 옥황상제는 화가 났어요.

"직녀가 더 이상 일을 하지 않으니, 둘을 떨어뜨려 놓아야겠다!"

옥황상제는 두 사람을 은하수 동쪽과 서쪽으로 갈라놓았어요.

직녀는 은하수 동쪽으로 가고, 견우는 은하수 서쪽으로 가게 되었어요. 이제 두 사람은 멀리 떨어져 서로를 볼 수 없게 되었어요.

직녀는 매일 은하수 동쪽에서 견우를 그리워하며 눈물을 흘렸고 견우도 서쪽에서 직녀를 생각하며 슬퍼했어요. 두 사람은 너무나도 슬펐지만, 서로에 대한 사랑은 변하지 않았어요.

하늘의 신들은 두 사람의 사랑을 보고 너무 안타까워했어요. 그래서 옥황상제에게 두 사람의 사랑이 너무 깊으니 일 년에 한 번만이라도 만나게 해 달라고 했어요.

옥황상제는 신들의 말을 듣고 마음이 아팠어요. 그래서 칠석날 하루만 두 사람이 만날 수 있도록 허락했어요. 칠석날이 되면, 까마귀와 까치들이 하늘에 다리를 놓아 두 사람을 만나게 해 주었어요. 견우와 직녀는 은하수 다리 위에서 만나 서로를 꼭 끌어안았어요. 두 사람은 헤어져 있던 이야기를 나누며 행복한 시간을 보냈어요.

하지만 그 행복도 잠시, 다시 헤어져야 했어요. 하지만 견우와 직녀는 다음 칠석날을 기다리며 변치 않는 사랑을 이어갔답니다.

쓰기 위한 질문

✱ 이야기에서 답을 찾을 수 있는 질문이에요. 질문에 답해 보면서 새로운 질문을 만들어 볼까요?
(새로운 질문을 만들어도 좋고, 비슷하게 만들어 보는 연습을 해도 좋아요.)

1. 견우와 직녀는 왜 만날 수 없게 되었나요?

2. 견우와 직녀는 어떻게 다시 만날 수 있었나요?

3. 두 사람은 떨어져 있어도 어떤 마음을 가졌나요?

내가 만든 질문

✱ 생각 질문으로 더 많은 이야기를 나눠보세요.

1. 칠석날에 두 사람이 만날 수 있는 방법은 무엇인가요?

2. 견우와 직녀의 사랑이 왜 특별하다고 생각하나요?

3. 만약 여러분이 견우나 직녀라면 어떻게 할 것 같나요?

내가 만든 질문

쓰기 위한 쓰기

* 뒷이야기 상상해서 쓰기

견우와 직녀가 칠석에 만나는 것 외에 다른 방법으로 만날 수 있는 방법이 있을까요? 어떤 방법으로 둘이 다시 만날 수 있을지 상상해 보고 뒷이야기를 써 보세요.

* 흐름을 따라가는 글쓰기

아래 문장을 보고 사건이 일어난 순서대로 1부터 5까지 적고, 문장을 따라 써 보세요.
주요 사건을 순서대로 생각하다 보면 이야기의 흐름을 쉽게 이해할 수 있어요.

주요 사건	순서
하지만 직녀가 일을 하지 않자, 옥황상제는 그들을 은하수 동쪽과 서쪽으로 갈라놓았어요.	
옛날 하늘나라에 소를 돌보는 착한 목동 견우와, 하늘을 꾸미는 일을 하는 직녀가 살았어요.	
어느 날, 두 사람은 하늘에서 만나 첫 눈에 사랑에 빠졌어요.	
두 사람은 서로를 그리워하며 눈물을 흘렸고, 하늘의 신들이 부탁해 칠석날 하루만 만날 수 있게 되었어요.	
칠석날마다 까마귀와 까치가 하늘에 다리를 놓아 주면, 두 사람은 다시 만나 행복한 시간을 보냈답니다.	5

❶

❷

❸

❹

❺ 칠석날마다 까마귀와 까치가 하늘에 다리를 놓아 주면, 두 사람은 다시 만나 행복한 시간을 보냈답니다.

19 플란더스의 개

쓰기 위한 읽기

* 소리 내서 읽어 볼까요? 아빠 찬스, 엄마 찬스를 사용해도 좋아요.

옛날, 플란더스라는 마을에 네로와 할아버지가 살고 있었어요. 두 사람은 우유 배달을 하며 살아갔어요. 어느 날, 네로는 길가에 쓰러져 있는 개를 발견하고 집으로 데려왔어요. 네로는 그 개에게 '파트라슈'라는 이름을 지어주고 가족처럼 함께 살았어요.

네로는 루벤스처럼 훌륭한 화가가 되는 것이 꿈이었어요. 그는 매일 그림을 그리며 연습했고, 친구 아로아와 들판에서 뛰놀며 즐거운 시간을 보냈어요. 하지만 아로아의 아버지, 코제트 아저씨는 네로가 가난하다는 이유로 아로아와 놀지 못하게 했어요.

어느 날, 할아버지가 병에 걸려 우유 배달을 하지 못하게 되었어요. 네로는 파트라슈와 함께 우유 배달을 하며 힘든 나날을 보냈어요. 그럼에도 네로는 성당 안에 커튼으로 가려진 루벤스의 그림이 꼭 보고 싶었어요.

마침 마을에서 그림 대회가 열린다는 소식을 듣고, 네로는 대회에 참가했어요. 상금을 받으면 할아버지의 약도 사고, 성당에 있는 루벤스의 그림도 볼 수 있을 거라 생각했지요. 그러나 대회가 끝난 후 집으로 돌아가던 중 풍차 마을에서 불이 났어요. 사람들은 네로를 범인으로 몰았어요. 아무도 네로를 믿지 않았고, 할아버지가 돌아가신 후 네로는 집에서 쫓겨났어요.

대회에서 상을 받지 못한 네로는 실망한 마음으로 눈 덮인 길을 걷고 있었어요. 그때 파트라슈가 코제트 아저씨의 지갑을 발견했어요. 네로는 아로아네 집으로 가서 지갑을 돌려주고, 파트라슈를 맡긴 뒤 성당으로 향했어요.

크리스마스이브 날, 네로는 성당에서 루벤스의 그림을 보고 감격의 눈물을 흘렸어요. 파트라슈도 네로를 따라와 곁에 앉아있었어요. 추운 밤, 네로와 파트라슈는 루벤스의 그림 앞에서 조용히 잠들었어요.

다음 날, 코제트 아저씨와 화가 선생님이 네로를 찾으러 왔지만, 이미 네로와 파트라슈는 하늘나라로 떠난 뒤였어요. 코제트 아저씨는 깊이 후회하며 네로를 영원히 잊지 않겠다고 다짐했답니다.

쓰기 위한 질문

* 이야기에서 답을 찾을 수 있는 질문이에요. 질문에 답해 보면서 새로운 질문을 만들어 볼까요?
  (새로운 질문을 만들어도 좋고, 비슷하게 만들어 보는 연습을 해도 좋아요.)

1. 네로는 길가에서 발견한 개에게 어떤 이름을 지어주었나요?

....

2. 네로가 그림 대회에 참가한 이유는 무엇인가요?

....

3. 네로와 파트라슈가 마지막으로 함께 간 곳은 어디인가요?

....

내가 만든 질문

....

* 생각 질문으로 더 많은 이야기를 나눠보세요.

1. 코제트 아저씨는 왜 네로가 아로아와 놀지 못하게 했을까요?

....

2. 네로가 성당에서 루벤스의 그림을 보았을 때 어떤 감정을 느꼈을까요? 루벤스의 그림을 찾아보고 여러분이 느낀 생각을 적어 보세요.

....

3. 네로와 파트라슈의 이야기에서 우리는 어떤 교훈을 얻을 수 있나요?

....

내가 만든 질문

....

쓰기 위한 쓰기

* **편지 쓰기**

  네로가 슬픈 일을 겪었을 때를 상상해 보고, 네로를 응원하는 글을 편지로 써 보세요.

* **시로 표현하기**

  예시를 참고하여 이야기의 핵심 장면을 고른 후 쉬운 단어와 짧은 문장을 활용해 시를 지어 보세요.

예시) 제목: 네로와 파트라슈

길가에 쓰러진 작은 개,
네로의 친구가 되었네.

네로의 손길에
파트라슈로 살았네.

성당에 걸린 커튼 뒤,
빛나는 꿈이 있었네.

언젠가 꼭 보리라.
루벤스의 그 그림

눈이 내리던 크리스마스이브
성당 속에서 그림을 봤네

파트라슈 곁에 앉아
꿈처럼 조용히 잠들었네

하늘나라로 떠난 두 친구
그들의 우정이 별이 되었네

20 호랑이와 곶감

쓰기 위한 읽기

* 소리 내서 읽어 볼까요? 아빠 찬스, 엄마 찬스를 사용해도 좋아요.

옛날 옛적, 깊은 산 속에 무시무시한 호랑이가 살고 있었어요. 호랑이는 배가 고프면 산에서 내려와 마을의 집 주변을 돌아다녔어요. 어느 날, 호랑이는 배가 고파 집 한 채를 몰래 들여다봤어요. 집 안에서는 아이가 울고 있었어요.
"울면 호랑이가 잡아간다!" 어른이 이렇게 말했지만, 아이는 멈추지 않고 더 크게 울었어요. 호랑이는 그 말을 듣고 생각했어요.
"그래, 내가 무서운 호랑이니까 울음을 멈추게 할 수 있겠지!"
하지만 아이는 계속 울었어요. 그러자 방 안에서 또 다른 목소리가 들렸어요.
"곶감을 줄 테니 울지 말아라."
그 말을 들은 아이는 울음을 그쳤어요. 호랑이는 깜짝 놀랐어요.
"곶감? 그게 뭐길래 아기가 울음을 그친 거지? 나보다 더 무서운 건가?"
호랑이는 곶감이라는 게 자기보다 더 무섭다고 생각했어요. 겁을 먹은 호랑이는 곶감을 만나면 큰일 날 거라고 생각하고는 도망가려고 했어요. 그때, 마침 한 농부가 마을에서 소를 찾으러 다니고 있었어요. 농부는 밤새 잃어버린 소를 찾아다니며 지쳐 있었고, 무언가 큰 것을 발견했어요. 그리고 어둠 속에서 호랑이를 보고 소로 착각한 농부는 호랑이 등에 올라탔어요.
"드디어 찾았다! 이제 집으로 가자!"
농부가 말하자, 호랑이는 겁에 질렸어요.
"이게 바로 곶감이로구나! 이렇게 무서운 게 내 등에 올라타다니! 큰일이다!"
농부는 자신이 호랑이 등에 탄 줄도 모르고 집으로 향했어요. 호랑이는 필사적으로 뛰어 도망치다가 농부를 떨쳐냈어요. 농부는 소를 놓쳤다고 아쉬워했지만, 무사히 돌아와서 다행이었어요. 그 뒤로 호랑이는 곶감이 있는 마을 근처로 다시는 내려오지 않았답니다.

쓰기 위한 질문

* 이야기에서 답을 찾을 수 있는 질문이에요. 질문에 답해 보면서 새로운 질문을 만들어 볼까요?
  (새로운 질문을 만들어도 좋고, 비슷하게 만들어 보는 연습을 해도 좋아요.)

1. 호랑이가 집을 엿본 이유는 무엇인가요?

2. 아이는 왜 울음을 멈추었나요?

3. 농부가 호랑이 등에 올라탄 이유는 무엇인가요?

내가 만든 질문

* 생각 질문으로 더 많은 이야기를 나눠보세요.

1. 호랑이는 왜 곶감을 자기보다 더 무섭다고 생각했을까요?

2. 농부가 호랑이 등에 탄 줄 알았다면 어떻게 행동했을까요?

3. 호랑이가 곶감을 진짜로 만났다면 어떤 일이 벌어졌을까요?

내가 만든 질문

쓰기 위한 쓰기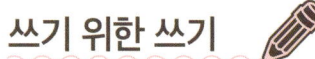

* **이야기 속 한 장면 표현하기**

   호랑이가 무서워하는 곶감을 그리고 호랑이의 마음과 생각을 글로 표현해 보세요.

* 소개하는 글쓰기

호랑이와 곶감에서 가장 재밌었던 장면이 무엇인지 생각해 보고, 친구에게 소개하는 글을 써 보세요.

이렇게 지도해 주세요
- 독후감 쉽게 쓰는 방법 -

1. 서론 팁

질문으로 시작하기: "이 책의 제목을 보니 어떤 생각이 드니?"
⋯▶ 아이의 관심을 끌고 생각을 열게 할 수 있어요.

느낌 표현하기: "나는 이 책을 보자마자 재미있을 것 같다고 느꼈어요!"
⋯▶ 책을 처음 봤을 때의 느낌을 쓰면 관심을 끌 수 있어요.

주인공 소개하기: "이 책에는 아주 특별한 주인공이 나와요."
⋯▶ 책을 읽고 싶은 마음이 생기도록 간단히 내용을 암시하며 시작할 수 있어요.

2. 본론 팁

순서를 따라 쓰기:
⋯▶ 이야기를 차례대로 기억하며, "처음에 무엇이 있었는지 생각해 보자. 그다음엔 어떤 일이 있었어?"와 같이 단계별로 쓰도록 도와주세요.

한 문장에 하나의 이야기:
⋯▶ 너무 많은 내용을 한 문장에 넣지 않도록, 한 문장씩 천천히 쓰는 연습을 하게 해 주세요.
　　예) "거북이는 느리지만 꾸준히 앞으로 나아갔어요."

느낌과 생각 쓰기:

⋯▶ "이 부분에서 무엇을 느꼈어? 주인공이 어떻게 느꼈을까?"를 물어 감정을 끌어내게 해 주세요.

3. 결론 팁

느낀 점 정리하기:

⋯▶ "이 이야기를 읽고 어떤 부분이 제일 좋았어?"
    예) "거북이가 포기하지 않고 꾸준히 걸어가서 승리하는 장면이 제일 좋았어요."

다음에 하고 싶은 이야기 추가하기:

⋯▶ "다음에는 어떤 이야기를 읽고 싶어?"
    예) "저는 용감한 동물들이 나오는 이야기를 읽고 싶어요."

짧고 간단하게 마무리:

⋯▶ "이 책이 너무 재미있었어요!" 또는 "이야기가 끝나서 아쉬웠어요."

신나는 글쓰기 세계로 떠나볼까요?

안녕, 친구들!

신나는 글쓰기 세계에 온 것을 환영합니다!

글쓰기는 친구들의 생각과 상상을 자유롭게 표현할 수 있는 멋진 방법이에요.

여러분이 이미 알고 있는 이야기들을 가지고 시작해 보면, 글쓰기의 즐거움을 더 쉽게 느낄 수 있어요.

자, 시작하기 전에 알아둘 점!

번호에 얽매이지 말고, 좋아하는 이야기부터 시작해 보세요.

좋아하는 영화나 책에서의 장면을 떠올려도 좋고, 자신의 경험을 바탕으로 쓸 수도 있습니다.

그럼, 출발!

이제 상상력을 펼칠 준비가 됐나요?

신나는 글쓰기 여행이 기다리고 있습니다.

여러분의 이야기를 통해 새로운 세상을 만들어 봅시다!

그럼, 지금 바로 글쓰기의 세계로 떠나볼까요?

2단계 레벨 업

3단계로 따라 하며 쉽게 완성하는 글쓰기

21 걸리버 여행기

쓰기 위한 읽기

* 소리 내서 읽어 볼까요? 아빠 찬스, 엄마 찬스를 사용해도 좋아요.

옛날에 걸리버라는 이름의 똑똑하고 모험을 좋아하는 남자가 있었어요. 걸리버는 배를 타고 세상을 여행하며 많은 것을 배우고 싶었답니다.

어느 날, 걸리버가 탄 배가 거센 폭풍을 만나 큰 파도에 휩쓸렸어요. 걸리버는 멀리 외딴 섬으로 떠내려가게 되었지요. 그 섬은 릴리퍼트라는 곳이었어요. 놀랍게도 그곳 사람들은 모두 걸리버의 손가락만 한 작은 사람들이었답니다. 걸리버는 작고 귀여운 사람들을 보고 깜짝 놀랐지만, 릴리퍼트 사람들은 걸리버가 무섭다며 밧줄로 묶었어요. 하지만 걸리버가 친절하게 대하자, 릴리퍼트 사람들도 마음을 열고 걸리버를 도와주었어요. 걸리버는 섬에서 작은 사람들을 도와주며 많은 친구를 사귀었고, 서로를 도우며 살아가는 방법을 배웠답니다.

그 후, 걸리버는 다시 배를 타고 새로운 모험을 떠났어요. 이번에는 브로브딩내그 라는 섬에 도착했어요. 이곳에서는 릴리퍼트와 정반대로 엄청나게 거대한 사람들이 살고 있었답니다. 브로브딩내그에서는 걸리버가 너무 작아서 사람들의 손바닥 위에 올라가야 했어요. 큰 사람들은 걸리버를 귀엽게 여기며 돌봐주었답니다. 걸리버는 거대한 세상을 경험하며 자신이 얼마나 작은 존재인지 깨닫고, 겸손한 마음을 배우게 되었어요.

또 다른 여행에서는 날아다니는 섬, 라퓨타에 갔어요. 라퓨타 사람들은 과학과 발명품에 관심이 많았지만, 그들의 발명품은 종종 쓸모가 없거나 엉뚱했어요. 걸리버는 라퓨타에서 지식도 중요하지만, 지혜롭게 사용하는 것이 더 중요하다는 것을 알게 되었어요.

마지막으로 걸리버는 말들이 사람처럼 살아가는 나라, 후이넘에 갔어요. 이곳에서 말들은 서로 말도 하고, 집에서 살며, 농사도 지었어요. 후이넘의 말들은 걸리버에게 친절하게 대해 주었어요. 하지만 걸리버가 인간이라는 것을 알고 더 이상 머물 수 없다고 했어요. 걸리버는 슬픈 마음으로 후이넘을 떠났지만 후이넘에서 배운 착한 마음과 정직한 태도를 가슴속에 간직하기로 했답니다.

쓰기 위한 질문

* 이야기에서 답을 찾을 수 있는 질문이에요. 질문에 답해 보면서 새로운 질문을 만들어 볼까요? (새로운 질문을 만들어도 좋고, 비슷하게 만들어 보는 연습을 해도 좋아요.)

1. 릴리퍼트 사람들은 걸리버를 처음에 어떻게 대했나요?

2. 브로브딩내그에서 걸리버는 어떻게 지냈나요?

3. 라퓨타 사람들은 무엇에 관심이 많았나요?

내가 만든 질문

* 생각 질문으로 더 많은 이야기를 나눠보세요.

1. 릴리퍼트 사람들은 왜 걸리버를 믿게 되었을까요?

2. 브로브딩내그의 거대한 사람들이 걸리버를 귀엽게 여긴 이유는 무엇일까요?

3. 걸리버는 왜 다양한 나라를 여행하며 계속해서 모험을 떠났을까요?

내가 만든 질문

쓰기 위한 쓰기

* 뒷이야기 상상해서 쓰기

걸리버가 또 다른 나라로 여행을 떠난다면 어떤 나라일지 상상하며 이야기를 만들어 보세요.

* 편지 쓰기

걸리버가 다양한 나라를 여행하면서 느낀 점에 대해 물어보거나, 자신의 생각을 이야기하는 편지를 써 보세요.

22 피노키오

쓰기 위한 읽기

* 소리 내서 읽어 볼까요? 아빠 찬스, 엄마 찬스를 사용해도 좋아요.

옛날 어느 작은 마을에 제페토라는 할아버지가 살았어요. 제페토 할아버지는 나무로 인형을 만드는 일을 했어요. 어느 날, 제페토 할아버지는 특별한 나무로 작은 소년 모양의 인형을 만들어서 피노키오라는 이름을 지어줬어요. 제페토 할아버지는 피노키오를 아들처럼 사랑하며 이렇게 말했어요.

"진짜 사람이 되었으면 좋겠구나!"

그날 밤, 푸른 요정이 나타났어요. 요정은 피노키오에게 생명을 불어넣어 주었어요. 그리고 이렇게 말했어요.

"진짜 사람이 되려면 용감하고 정직하며 남을 배려하는 아이가 되어야 해."

피노키오는 기뻤지만 요정의 말을 금방 잊어버렸어요. 그리고 문제를 일으키기 시작했지요. 다음 날, 제페토 할아버지는 피노키오를 학교에 보내기로 했어요. 그런데 피노키오는 학교에 가지 않고, 나쁜 친구들과 놀며 가지고 있던 돈을 몽땅 빼앗기고 말았어요. 집으로 돌아온 피노키오는 거짓말로 제페토 할아버지를 속였어요. 그러자 피노키오의 코가 점점 길어졌어요!

밖을 돌아다니던 피노키오는 자신의 잘못을 깨닫고 할아버지를 찾아 떠났어요. 그런데 제페토 할아버지가 피노키오를 찾으러 바다로 나갔다가 거대한 고래에게 삼켜졌다는 소식을 들었어요. 피노키오는 용기를 내서 바다로 뛰어들었어요. 그리고 고래를 찾아다니다 고래 뱃속에서 할아버지를 발견했어요! 피노키오는 재치를 발휘해 고래 뱃속에서 탈출하는 데 성공했어요. 두 사람은 무사히 집으로 돌아왔어요.

할아버지를 구한 피노키오는 용기와 책임감을 배웠어요. 푸른 요정은 기뻐하며 피노키오를 진짜 소년으로 만들어 주었어요. 제페토 할아버지와 피노키오는 서로를 더욱 아끼며 행복하게 살았답니다.

쓰기 위한 질문

* 이야기에서 답을 찾을 수 있는 질문이에요. 질문에 답해 보면서 새로운 질문을 만들어 볼까요?
  (새로운 질문을 만들어도 좋고, 비슷하게 만들어 보는 연습을 해도 좋아요.)

1. 푸른 요정은 피노키오에게 진짜 사람이 되려면 어떻게 해야 한다고 했나요?

2. 피노키오의 코는 왜 길어졌나요?

3. 피노키오는 제페토 할아버지를 어디서 찾았나요?

내가 만든 질문

* 생각 질문으로 더 많은 이야기를 나눠보세요.

1. 피노키오는 왜 학교에 가지 않았을까요? 만약 학교에 갔다면 어떤 일이 생겼을까요?

2. 거짓말을 할 때마다 코가 길어진다면 어떤 기분이 들까요?

3. 피노키오가 진짜 사람이 되었을 때, 어떤 기분이 들었을까요?

내가 만든 질문

쓰기 위한 쓰기

* **편지 쓰기**

피노키오에게 칭찬하거나 충고하며, 자신의 생각을 담은 편지를 써 보세요.

* 내가 만약 주인공이었다면…
여러분이 만약 피노키오였다면 어떻게 행동했을지 상상해 보고 적어 보세요.

23 오즈의 마법사

쓰기 위한 읽기

* 소리 내서 읽어 볼까요? 아빠 찬스, 엄마 찬스를 사용해도 좋아요.

깊은 숲속 작은 집에 도로시라는 소녀가 살았어요. 도로시는 삼촌과 숙모, 그리고 사랑스러운 강아지 토토와 함께 살았답니다. 어느 날, 큰 회오리바람이 불어왔어요. 도로시와 토토는 집 안에 있었는데, 집이 회오리에 휩쓸려 어디론가 날아가 버렸어요!

도로시가 눈을 떠 보니 낯선 땅에 도착해 있었어요. 그곳은 반짝이는 길과 신비로운 꽃들로 가득한 오즈의 나라였어요. 한 요정이 도로시에게 말했어요.

"도로시, 너는 이 나라를 다스리던 나쁜 마녀를 없앴어. 하지만 집으로 돌아가려면 에메랄드 시티로 가야 해. 거기 사는 위대한 오즈가 너를 도와줄 거야. 자, 이 신발을 신고 가렴. 너에게 도움을 줄 거야."

도로시는 반짝이는 노란 벽돌길을 따라 걷기 시작했어요. 여행 도중, 도로시는 친구들을 만났어요. 뇌가 없는 허수아비, 심장이 없는 양철 나무꾼, 용기가 없는 겁쟁이 사자였죠. 도로시는 그들과 함께 에메랄드 시티로 가기로 했어요.

"우리가 오즈에게 도움을 청하자!" 친구들은 도로시의 말에 고개를 끄덕였어요.

여행은 쉽지 않았어요. 나쁜 서쪽 마녀가 그들을 방해하려 했거든요. 마녀는 날아다니는 원숭이들을 보내 도로시 일행을 잡으려고 했지만, 도로시와 친구들은 힘을 합쳐 위기를 이겨냈어요. 드디어 도로시는 마녀를 물리치고 친구들과 에메랄드 시티에 도착했어요. 하지만 놀랍게도 오즈는 마법사가 아니라, 그냥 평범한 사람이었어요! 오즈는 솔직하게 고백했어요.

"미안해요, 도로시. 나는 마법사가 아니에요."

그때 요정이 다시 나타났어요.

"도로시, 네가 신은 구두는 마법의 구두야. 발뒤꿈치를 세 번 두드리면 네가 가고 싶은 곳으로 갈 수 있어."

도로시는 기뻐하며 친구들에게 작별 인사를 했어요.

"허수아비, 네가 똑똑하다는 걸 이제 알았지? 양철 나무꾼, 넌 이미 따뜻한 마음을 가지고 있어. 그리고 사자, 넌 용기를 보여줬잖아!"
집으로 돌아온 도로시는 삼촌과 숙모를 만나 행복하게 살았답니다.

쓰기 위한 질문

* 이야기에서 답을 찾을 수 있는 질문이에요. 질문에 답해 보면서 새로운 질문을 만들어 볼까요?
  (새로운 질문을 만들어도 좋고, 비슷하게 만들어 보는 연습을 해도 좋아요.)

1. 도로시가 집으로 돌아가기 위해 간 곳은 어디였나요?

2. 허수아비, 양철 나무꾼, 사자에게는 무엇이 없었나요?

3. 도로시는 어떻게 집으로 돌아갈 수 있었나요?

내가 만든 질문

* 생각 질문으로 더 많은 이야기를 나눠보세요.

1. 도로시가 처음부터 마법 구두의 힘을 알았다면 오즈를 찾아갔을까요?

2. 허수아비, 양철 나무꾼, 사자가 진정으로 원했던 것은 무엇이었을까요?

3. 도로시가 다시 오즈의 나라를 방문한다면, 어떤 모험을 할 것 같나요?

....

내가 만든 질문

....

쓰기 위한 쓰기

* **이야기 속 한 장면 표현하기**
  오즈의 마법사의 이야기 중 한 장면을 떠올려 그려보고 자유롭게 적어 보세요.

* 독후감 쓰기

서론, 본론, 결론을 갖추어 독후감 쓰기를 해 보세요.

서론 쓰기 (제목을 보고 들었던 생각 쓰기)

본론 쓰기 (줄거리 쓰기)

결론 쓰기 (느낀 점 쓰기)

24 돈키호테

쓰기 위한 읽기

* 소리 내서 읽어 볼까요? 아빠 찬스, 엄마 찬스를 사용해도 좋아요.

어느 작은 마을에 돈키호테라는 이름의 기사가 살고 있었어요. 그는 오래된 기사 이야기를 너무 많이 읽은 나머지 자신이 진짜 기사라고 믿게 되었죠. 그래서 낡은 갑옷을 꺼내 입고, 녹슨 창을 손에 들고 다녔어요. 기사가 된 돈키호테는 말을 타고 모험을 떠나며 세상을 더 정의롭고 행복한 곳으로 만들겠다고 결심했어요. 그의 충직한 하인 산초는 당나귀를 타고 돈키호테를 따라다니며 도움을 줬어요.

모험을 시작한 돈키호테는 길에서 거대한 풍차를 보았어요. 그는 그것을 괴물로 착각하고 싸우러 달려들었어요. "겁쟁이 괴물아! 너를 물리치겠다!" 하고 소리친 돈키호테는 창을 높이 들었어요. 하지만 풍차 날개가 돌면서 돈키호테는 그만 바람에 휩쓸려 땅바닥에 나뒹굴었답니다. 산초가 다가와 돈키호테를 일으켜 세우며 말했어요.

"주인님, 이건 괴물이 아니라 그냥 풍차예요!"

하지만 돈키호테는 이를 인정하지 않고, 싸움에서 졌지만 자신이 여전히 정의로운 기사라고 생각했어요.

계속해서 모험을 떠나는 길에 돈키호테는 술집을 발견했어요. 그는 낡은 술집을 멀리서 보고 웅장한 성으로 착각했어요. 술집 주인을 성의 왕으로 여기고 정중히 인사한 돈키호테는 "왕이시여, 저를 이 성의 기사로 만들어 주십시오!"라고 말했어요. 주인은 어리둥절했지만 재미있는 장난처럼 생각하고 돈키호테의 부탁을 들어주었어요. 그러나 그곳의 다른 손님들을 악당으로 오해하고 싸움을 벌이는 바람에 큰 소동이 일어났답니다. 결국 둘은 술집을 떠나야만 했어요.

모험이 계속되던 어느 날, 돈키호테는 은빛 갑옷을 입은 은빛 달의 기사를 만났어요. 은빛 달의 기사는 돈키호테에게 결투를 신청하며 말했어요.

"내가 이기면 집으로 돌아가 다시는 모험을 떠나지 않겠다는 약속을 하시오!"

돈키호테는 자존심을 걸고 도전을 받아들였어요. 하지만 결투에서 돈키호테는 은빛 달의 기사에게 패하고 말았답니다. 패배한 돈키호테는 약속대로 집으로 돌아가 더 이상 모험을 떠나지 않았어요.

비록 그의 모험은 끝났지만, 돈키호테는 누구보다도 용감하게 자신의 꿈을 좇았던 사람이었답니다.

쓰기 위한 질문

* 이야기에서 답을 찾을 수 있는 질문이에요. 질문에 답해 보면서 새로운 질문을 만들어 볼까요?
  (새로운 질문을 만들어도 좋고, 비슷하게 만들어 보는 연습을 해도 좋아요.)

1. 돈키호테는 왜 기사가 되었나요?

2. 돈키호테는 풍차를 무엇이라고 착각해 돌진했나요?

3. 은빛 달의 기사는 왜 돈키호테에게 결투를 신청했나요?

내가 만든 질문

* 생각 질문으로 더 많은 이야기를 나눠보세요.

1. 돈키호테는 은빛 달의 기사와의 약속을 지켜 집으로 돌아갔어요. 돈키호테는 집으로 돌아가면서 어떤 생각을 했을까요?

2. 실패하더라도 꿈을 향해 노력한 돈키호테에게 한마디 해 주세요.

3. 우리 주변에도 돈키호테와 같은 사람이 있나요? 우리는 그들에게 어떻게 해야 할까요?

내가 만든 질문

쓰기 위한 쓰기

* 뒷이야기 상상해서 쓰기
  만약 돈키호테가 집으로 돌아가지 않고 새로운 모험을 떠났다면 어떤 일이 일어날지 상상하며 글을 써 보세요.
  (예시: "돈키호테와 산초는 길을 걷다가 갑자기 큰 나무를 보았어요. 그런데 그 나무는 사실…")

* 이야기 속 한 장면 표현하기

돈키호테와 산초를 그림으로 그리고, 그들의 특징을 짧은 문장으로 나타내 보세요.

돈키호테는 어떤 옷을 입고, 어떤 모자를 쓰고 있을까요?

25 허클베리 핀의 모험

쓰기 위한 읽기

* 소리 내서 읽어 볼까요? 아빠 찬스, 엄마 찬스를 사용해도 좋아요.

모두가 "헉"이라 부르는 허클베리 핀은 미시시피 강 근처 작은 마을에서 살고 있었어요. 헉은 모험을 좋아하고 자유로운 마음을 가졌지만, 그의 삶은 순탄치 않았어요. 아버지는 헉을 제대로 돌보지 않았고, 헉은 톰 소여와 어울리며 즐거움을 찾곤 했습니다.

어느 날, 술에 취한 헉의 아버지는 그를 강제로 데려가려 했어요. 아버지의 폭력과 위협에 지친 헉은 더 이상 참을 수 없었어요. 그래서 밤중에 몰래 집을 빠져나와 강 근처로 가 준비해 둔 나무배를 타고 도망쳤어요.

강을 따라 내려가던 헉은 짐이라는 도망친 노예를 만났어요. 짐은 주인에게서 도망쳐 자유를 찾으려는 길이었어요. 처음에는 망설였던 헉이지만, 둘은 함께 여행을 시작했습니다.

여행 초반, 강 위에서의 삶은 평화로웠습니다. 헉과 짐은 사람들의 눈을 피해 낮에는 숨어 지내고 밤이 되면 강을 따라 이동했어요. 물론 폭풍우를 만나 배가 뒤집힐 뻔한 위험도 있었어요. 하지만 둘은 위기를 함께 헤쳐 나갔습니다.

그러던 중 자신들을 왕과 공작이라 칭하는 두 사기꾼을 만나게 되었어요. 이들은 마을 사람들을 속여 돈을 벌려고 했고, 헉은 그들의 계획을 눈치챘어요. 헉은 위험을 무릅쓰고 사기꾼들이 벌인 일을 방해하며 피해를 줄이려 했습니다. 결국 두 사기꾼은 마을 사람들에게 붙잡혔어요. 헉의 재치와 용기가 빛난 순간이었어요.

여행이 끝나갈 무렵, 헉은 짐을 노예로 데려가려는 사람들과 맞서야 했어요. 쉽지 않은 결정이었지만 '짐은 내 친구다'라는 마음으로 끝까지 짐을 도와 자유를 찾게 했습니다. 헉은 이 모험을 통해 진정한 우정과 자유의 의미를 깨닫게 되었고, 옳은 일을 위해 용기를 낼 줄 아는 사람이 되었어요.

쓰기 위한 질문

* 이야기에서 답을 찾을 수 있는 질문이에요. 질문에 답해 보면서 새로운 질문을 만들어 볼까요?
  (새로운 질문을 만들어도 좋고, 비슷하게 만들어 보는 연습을 해도 좋아요.)

1. 헉은 왜 강으로 도망쳤나요?

2. 헉과 함께 여행을 떠난 사람은 누구인가요?

3. 헉과 짐은 왜 밤에만 강을 따라 이동했을까요?

내가 만든 질문

* 생각 질문으로 더 많은 이야기를 나눠보세요.

1. 헉은 짐을 왜 도와주었을까요?

2. 헉과 짐이 만난 사기꾼들은 왜 나쁜 일을 하려고 했을까요?

3. 만약 헉과 짐이 다시 여행을 떠난다면, 어떤 일이 벌어질까요?

내가 만든 질문

쓰기 위한 쓰기

* **소개하는 글쓰기**

  헉과 짐처럼 모험 중에 특별한 친구를 만나면 어떨까요? 내가 만날 특별한 친구의 이야기를 소개해 보세요.

* 뒷이야기 상상해서 쓰기

  헉과 짐이 다시 여행을 떠나면 어떨까요? 헉과 짐의 뒷이야기를 상상하고 계획하는 글을 써 보세요.

26 이상한 나라의 앨리스

쓰기 위한 읽기

* 소리 내서 읽어 볼까요? 아빠 찬스, 엄마 찬스를 사용해도 좋아요.

앨리스는 잔디밭에서 책을 읽던 중, 이상한 흰 토끼가 달려가는 것을 보았어요. 토끼는 초조한 목소리로 "늦겠어! 늦겠어!"라고 중얼거리며 달리고 있었어요. 호기심 많은 앨리스는 "도대체 어디로 가는 걸까?" 하며 토끼를 쫓아갔어요.

토끼는 갑자기 땅에 난 큰 구멍 속으로 뛰어들었어요. 앨리스도 토끼를 따라 구멍으로 들어갔어요. 그러나 구멍은 예상보다 깊었고, 앨리스가 발을 헛디디는 순간 끝없이 떨어졌어요. 벽에는 책장, 시계, 심지어는 찻잔까지 진열되어 있었어요. 마침내 앨리스는 이상한 복도에 도착했어요. 눈앞에는 열쇠가 있었고, 모든 문을 다 열어 보았지만 열리지 않았어요. 그때 작은 문이 보였어요. 앨리스는 작은 문을 열었지만 몸이 너무 커서 밖으로 나갈 수가 없었어요. 테이블에는 '마셔 보세요!'라고 쓰인 병과 '드셔 보세요!'라고 적힌 과자가 놓여 있었어요. 병 속 음료를 마시자 앨리스의 몸이 점점 작아졌어요.

앨리스는 작은 문을 열고 마법처럼 펼쳐진 정원에 들어섰어요. 거기에는 큰 버섯과 알록달록한 꽃들이 가득했고, 말하는 생물들이 곳곳에서 나타났어요. 앨리스는 흰 토끼를 찾아다녔어요. 가장 먼저 만난 체셔캣은 항상 미소를 짓고 있었는데 미소만 남기고 몸은 사라질 수 있었어요. 체셔캣은 길을 안내해 주거나 도움이 필요할 때 나타났어요. 모자장수와 토끼가 주최한 끝나지 않는 차 마시기 파티에서는 재미있는 이야기와 이상한 규칙들이 쏟아졌어요. 앨리스는 즐겁기도 했지만, 그들의 이상한 행동에 어리둥절했어요.

그곳에는 하트 여왕이 있었는데 매우 엄격하고 성격이 급했으며, 항상 "목을 쳐라!"라고 외치며 주변 사람들을 공포에 떨게 했어요. 하트 여왕은 크로켓 경기를 무척 좋아했는데, 그 경기는 공 대신 고슴도치를, 망치 대신 홍학을 사용하는 매우 이상한 경기였어요. 앨리스는 하트 여왕이 두려웠지만 용기 내서 경기에 참여했답니다. 그러다 하트 여왕과 대립하게 되었어요.

하지만 "이건 단지 내 꿈일 뿐이야!"라고 외친 순간, 모든 것이 흔들리더니 갑자기 주변이 조용해졌어요. 앨리스가 눈을 떠보니 다시 잔디밭에 있었어요. 그녀는 꿈에서 겪었던 놀라운 일들을 떠올리며 미소를 지었답니다.

쓰기 위한 질문

* 이야기에서 답을 찾을 수 있는 질문이에요. 질문에 답해 보면서 새로운 질문을 만들어 볼까요? (새로운 질문을 만들어도 좋고, 비슷하게 만들어 보는 연습을 해도 좋아요.)

1. 앨리스는 왜 구멍으로 들어갔나요?

2. 앨리스를 작아지게 만든 것은 무엇이었나요?

3. 앨리스가 가장 두려워하는 인물은 누구였나요?

내가 만든 질문

* 생각 질문으로 더 많은 이야기를 나눠보세요.

1. 앨리스가 이상한 나라에서 겪은 일은 정말 꿈이었을까요, 아니면 진짜였을까요?

2. 만약 앨리스가 다시 이상한 나라에 간다면, 누구를 가장 먼저 만나고 싶을까요?

3. 앨리스는 어떻게 하트 여왕에 맞설 용기를 냈을까요?

내가 만든 질문

쓰기 위한 쓰기

* 이야기 속 한 장면 표현하기

앨리스처럼 크기를 변화시킬 수 있는 마법 음료나 과자를 만들 수 있다면 어떨까요? 마법의 음료나 음식을 그려보세요. 그리고 그곳에 이름을 붙이고 어떤 마법이 있는지 적어 보세요.

* 흐름을 따라가는 글쓰기

  아래 문장을 보고 사건이 일어난 순서대로 1부터 5까지 적고, 문장을 따라 써 보세요.
  주요 사건을 순서대로 생각하다 보면 이야기의 흐름을 쉽게 이해할 수 있어요.

주요 사건	순서
작은 문을 통과하기 위해 마법의 음료를 마신 앨리스는 몸이 작아져 환상적인 정원으로 들어갔어요.	
앨리스는 이상한 흰 토끼를 따라 땅속의 깊은 구멍으로 들어갔고, 끝없이 떨어지며 이상한 복도에 도착했어요.	1
하트 여왕과 크로켓 경기를 하며 대립하게 된 앨리스는 "이건 단지 내 꿈"이라며 용감히 맞섰어요.	
그녀는 체셔캣, 모자장수, 하트 여왕 등 독특한 인물들을 만나며 이상한 나라의 법칙에 적응해 갔어요.	
모든 것이 흔들리며 꿈에서 깬 앨리스는 잔디밭으로 돌아와 모험을 떠올리며 미소 지었답니다.	

❶ 앨리스는 이상한 흰 토끼를 따라 땅속의 깊은 구멍으로 들어갔고, 끝없이 떨어지며 이상한 복도에 도착했어요.

❷

❸

❹

❺

27 피터 팬

쓰기 위한 읽기

* 소리 내서 읽어 볼까요? 아빠 찬스, 엄마 찬스를 사용해도 좋아요.

런던에 사는 웬디, 존, 마이클은 평범한 아이들이었어요. 어느 날 밤, 웬디의 방에 특별한 손님이 찾아왔어요. 날아다니는 소년, 피터 팬이었죠. 피터 팬은 네버랜드라는 신비로운 섬에서 온 소년으로, 절대로 어른이 되지 않는다고 말했어요. 그는 자신의 나이도, 어른이 될 걱정도 없다고 했죠. 피터와 그의 작은 친구, 요정 팅커벨은 "행복한 생각을 떠올리면 날 수 있어!"라고 말하며, 아이들에게 날아다니는 비법을 가르쳐 주었어요. 그리고 아이들과 함께 네버랜드로 날아갔어요.

네버랜드는 마법과 모험으로 가득한 세계였어요. 그곳에는 인디언 부족, 인어, 그리고 해적들이 살고 있었죠. 아이들은 피터가 이끄는 잃어버린 소년들과도 친해졌어요. 잃어버린 소년들은 부모를 잃고 네버랜드에서 영원히 아이로 살아가는 소년들이었어요. 그들은 피터와 함께 많은 모험을 즐기며 서로를 가족처럼 생각했어요. 하지만 네버랜드가 늘 평화로운 곳은 아니었어요. 무서운 해적 선장 후크가 피터를 괴롭히고 있었죠. 후크는 피터와의 싸움에서 한 손을 잃고, 그 자리에 날카로운 갈고리를 달고 다녔어요. 피터와 아이들은 후크와의 전투에서 여러 번 위험에 처했지만, 서로 협력하며 위기를 극복했어요. 웬디는 잃어버린 소년들에게 엄마처럼 따뜻하게 대해줬어요. 그녀는 그들에게 이야기를 들려주고, 아침을 준비하며, 모험이 끝나면 피로를 풀어주는 역할을 했어요. 웬디는 네버랜드에서 엄마가 될 수 있다는 사실에 기뻐했지만, 아이들은 그녀가 돌아가길 원했어요.

마침내, 피터는 후크와의 마지막 싸움에서 승리했어요. 아이들은 네버랜드에서 피터와 함께 모험을 계속했지만, 점차 집과 가족을 그리워하게 되었어요. 웬디와 그녀의 동생들인 존, 마이클은 집으로 돌아갈 준비를 했어요. 웬디는 피터에게 함께 가자고 했지만, 피터는 어른이 되고 싶지 않다며 네버랜드로 돌아갔어요.

웬디는 가족과 함께 현실 세계로 돌아갔지만, 네버랜드에서의 모험과 피터 팬과의 추억은 마음속에 영원히 남아 있었답니다.

쓰기 위한 질문

* 이야기에서 답을 찾을 수 있는 질문이에요. 질문에 답해 보면서 새로운 질문을 만들어 볼까요?
  (새로운 질문을 만들어도 좋고, 비슷하게 만들어 보는 연습을 해도 좋아요.)

1. 팅커벨은 어떻게 해야 날 수 있다고 했나요?

2. 후크는 피터와의 싸움에서 무엇을 잃었나요?

3. 웬디와 동생들이 집으로 돌아간 이유는 무엇인가요?

내가 만든 질문

* 생각 질문으로 더 많은 이야기를 나눠보세요.

1. 피터 팬은 왜 어른이 되고 싶지 않았을까요?

2. 웬디가 네버랜드에서 계속 살았다면, 어떤 일이 벌어졌을까요?

3. 후크 선장은 왜 피터 팬을 싫어했을까요?

내가 만든 질문

쓰기 위한 쓰기

* 내가 만약 주인공이었다면...
  만약 피터 팬처럼 날 수 있다면, 어디로 가고 싶고, 무엇을 하고 싶은지 상상하며 글을 써 보세요.

* 편지 쓰기

네버랜드에서 피터 팬과 함께 경험하고 싶은 모험이나 하고 싶은 질문을 편지 형식으로 써 보세요.

28 잭과 콩나무

쓰기 위한 읽기

* 소리 내서 읽어 볼까요? 아빠 찬스, 엄마 찬스를 사용해도 좋아요.

옛날에 잭이라는 소년이 어머니와 함께 작은 집에서 살고 있었어요. 그들은 너무 가난해서 마지막으로 남은 젖소마저 팔아야 했어요. 어머니는 잭에게 소를 팔러 시장에 가라고 했죠. 잭은 소를 끌고 시장에 가는 길에 한 노인을 만났어요. 그 노인은 말했어요.

"이 마법의 콩 다섯 개를 줄 테니 네 소와 바꾸자."

잭은 잠시 망설였지만, 노인이 말한 마법에 이끌려 소와 콩을 바꾸기로 했어요. 콩이 정말 마법의 능력을 지니고 있을지 모르겠다고 생각하면서 집으로 돌아갔어요.

집에 돌아온 잭을 본 어머니는 깜짝 놀랐어요.

"이게 뭐니? 소를 팔아오라고 했는데 콩과 바꿔 오다니!"

어머니는 몹시 화가 나서 콩을 창문 밖으로 던져버렸어요. 그날 밤, 어머니와 잭이 잠든 사이 콩에서 자라난 커다란 콩나무가 하늘 끝까지 뻗어 올라갔어요. 아침에 일어난 잭은 창밖에 콩나무가 하늘로 솟아있는 것을 보고 깜짝 놀랐어요. 잭은 콩나무를 타고 올라가기로 했어요. 콩나무는 하늘 끝에 닿아 있었는데 그곳에는 커다란 성이 있었어요. 성안으로 들어간 잭은 무서운 거인을 발견했어요. 거인은 깊이 잠들어 있었고, 잭은 성안에서 황금 알을 낳는 거위를 찾았어요. 거위는 계속해서 황금 알을 낳았어요. '이 거위만 있으면 우리 집도 더 이상 가난하지 않겠지!'라고 생각한 잭은 거위를 훔쳐 성 밖으로 나왔어요.

하지만 그게 끝이 아니었어요. 용감한 잭은 또다시 콩나무를 타고 성에 올라갔어요. 이번에는 황금 하프를 발견했어요. 그 하프의 아름다운 노래는 온 하늘에 울려 퍼졌어요. 잭이 하프를 훔쳐서 도망가려는 순간 거인이 잠에서 깨어났어요. 거인은 잭을 발견하고 소리쳤어요.

"도둑이야!" 거인은 잭을 쫓기 시작했어요.

잭은 급히 콩나무를 타고 내려갔고, 땅에 도착하자마자 도끼를 들고 콩나무를 베기 시작했어요. 거인은 급히 콩나무를 타고 내려왔지만 이미 나무가 잘리기 시작했어요. 결국, 거인은 나무에서 떨어져 사라지고 말았답니다.

이후, 잭과 어머니는 황금 알을 낳는 거위와 황금 하프 덕분에 더 이상 가난한 생활을 하지 않고 행복하게 살았답니다.

쓰기 위한 질문

* 이야기에서 답을 찾을 수 있는 질문이에요. 질문에 답해 보면서 새로운 질문을 만들어 볼까요?
 (새로운 질문을 만들어도 좋고, 비슷하게 만들어 보는 연습을 해도 좋아요.)

1. 잭은 소를 팔러 가다가 무엇과 소를 바꾸었나요?

2. 콩나무 꼭대기에서 잭이 처음 발견한 것은 무엇인가요?

3. 거인이 쫓아오자 잭은 어떻게 했나요?

내가 만든 질문

* 생각 질문으로 더 많은 이야기를 나눠보세요.

1. 잭은 왜 노인의 말을 믿고 소와 마법의 콩을 바꿨을까요?

2. 잭이 거인의 성에 다시 간 이유는 무엇일까요?

3. 만약 잭이 콩나무를 베지 않았다면, 어떤 일이 벌어졌을까요?

내가 만든 질문

쓰기 위한 쓰기

* 이야기 속 한 장면 표현하기
 콩나무와 성을 그리고 그 안에 어떤 비밀이 숨겨져 있었는지 짧은 글로 표현해 보세요.

* 독후감 쓰기
  서론, 본론, 결론을 갖추어 독후감 쓰기를 해 보세요.

서론 쓰기 (제목을 보고 들었던 생각 쓰기)

본론 쓰기 (줄거리 쓰기)

결론 쓰기 (느낀 점 쓰기)

29 파랑새

쓰기 위한 읽기

* 소리 내서 읽어 볼까요? 아빠 찬스, 엄마 찬스를 사용해도 좋아요.

옛날에 틸틸과 미틸이라는 남매가 있었어요. 두 아이는 가난했지만 행복했어요. 크리스마스 이브 밤, 아이들이 엄마, 아빠를 기다리고 있을 때, 이웃집 할머니가 찾아왔어요. 할머니는 두 아이에게 손녀딸이 아픈데, 파랑새를 찾으면 병이 나을 거라며 파랑새를 찾아 달라고 부탁했어요. 틸틸과 미틸은 할머니에게 다이아몬드가 달린 마법 모자를 받고 파랑새를 찾아 떠났어요.

먼저 다이아몬드를 돌려 과거의 나라로 갔어요. 그곳에서 돌아가신 할머니와 할아버지를 만났어요. 두 아이는 반가운 마음에 함께 시간을 보냈지만, 아쉽게도 헤어져야 했지요. 할머니와 할아버지가 주신 파랑새를 가지고 집에 돌아왔지만 파랑새는 검정새로 변해 있었어요.

다시 다이아몬드를 돌린 두 아이는 밤의 성으로 갔어요. 밤의 성은 어둡고 괴물들이 가득했어요. 틸틸과 미틸은 용기를 내어 성을 지나갔어요. 마지막 방에 도착해 문을 열자 그곳은 파랑새로 가득했어요. 두 아이는 파랑새를 새장에 넣었지만, 성을 빠져나오자 모두 죽고 말았어요.

다음으로는 숲의 나라에 갔어요. 그곳에서는 동물들이 말을 할 수 있었어요. 처음에는 동물들이 아이들을 도와주려고 했지만, 파랑새를 찾으러 왔다고 하자 갑자기 공격하기 시작했어요. 두 아이는 다이아몬드를 돌려 겨우 숲을 빠져나왔어요.

그 후, 틸틸과 미틸은 행복의 나라로 갔어요. 행복의 나라는 밝고 아름다운 곳이었어요. 궁전 안에는 뚱뚱한 사람들이 맛있는 음식을 먹으며 즐거워하고 있었어요. 하지만 그곳에서도 파랑새는 찾을 수 없었어요. 두 아이는 점점 지쳐갔어요.

"파랑새는 정말 어디에 있는 걸까?"

두 아이는 다시 여행을 떠나기로 했어요.

마지막으로 틸틸과 미틸은 미래의 나라로 갔어요. 그곳에서 아직 태어나지 않은 동생들을 만났어요. 동생들과 즐겁게 놀던 틸틸과 미틸은 파랑새를 잡았어요. 하지만 미래의 나라를 빠져나오자 파랑새가 빨강새로 변해 있었어요.

집으로 돌아온 틸틸은 우연히 새장을 보았어요. 놀랍게도 그 안에 파랑새가 있었어요! 그때 틸틸은 깨달았어요.

"파랑새는 처음부터 우리 집에 있었구나!"

두 아이는 파랑새를 가지고 이웃집으로 가 아픈 소녀를 낫게 해 주었답니다.

쓰기 위한 질문

* 이야기에서 답을 찾을 수 있는 질문이에요. 질문에 답해 보면서 새로운 질문을 만들어 볼까요?
  (새로운 질문을 만들어도 좋고, 비슷하게 만들어 보는 연습을 해도 좋아요.)

1. 틸틸과 미틸은 파랑새를 찾으러 어디로 떠났나요?

2. 파랑새는 어디에 있었나요?

3. 틸틸과 미틸이 이웃집 할머니에게 받은 특별한 물건은 무엇이었나요?

내가 만든 질문

* 생각 질문으로 더 많은 이야기를 나눠보세요.

1. 할머니는 왜 틸틸과 미틸에게 파랑새를 찾으라고 했을까요?

2. 아이들은 왜 먼 곳까지 파랑새를 찾으러 가야 한다고 생각했을까요?

3. 파랑새를 찾지 못했다면 두 아이는 어떻게 되었을까요?

내가 만든 질문

쓰기 위한 쓰기

* **뒷이야기 상상해서 쓰기**
  틸틸과 미틸이 파랑새를 찾은 후 또 다른 여행을 떠난다면 어떤 이야기가 펼쳐질까요? 상상해서 뒷이야기 쓰기를 해 보세요.

* 편지 쓰기
  파랑새에게 행복을 가져다줘서 고맙다고 하거나, 행복을 찾고 싶은 자신의 마음을 담아 편지를 써 보세요.

30 황금 물고기

쓰기 위한 읽기

* 소리 내서 읽어 볼까요? 아빠 찬스, 엄마 찬스를 사용해도 좋아요.

옛날 옛날에, 가난한 어부가 바닷가에 살고 있었어요. 어부는 매일 바다로 나가 물고기를 잡아 생계를 이어갔어요. 하루는 물고기가 거의 잡히지 않았어요. 어부는 걱정하며 마지막으로 그물을 던졌어요.

놀랍게도 그물에는 반짝이는 황금 물고기 한 마리가 걸렸어요. 그런데 물고기는 사람처럼 말을 했어요.

"제발 살려주세요! 저를 놓아주시면 소원을 들어드릴게요."

어부는 놀랐지만 착한 마음으로 물고기를 놓아주며 말했어요.

"난 특별히 소원이 없으니, 그냥 자유롭게 살아가렴."

어부는 집으로 돌아와 아내에게 그 이야기를 들려주었어요. 아내는 깜짝 놀라며 화를 냈어요.

"어떻게 그런 귀한 물고기를 그냥 보내요? 다시 가서 소원을 빌어야지요!"

어부는 다시 바다로 갔어요. 황금 물고기를 부르자 물고기가 나타났어요.

"어부님, 무슨 일이신가요?"

어부는 아내의 말을 전하며 소박한 집을 원한다고 했어요. 그러자 물고기는 웃으며 말했어요.

"걱정 마시고 집으로 돌아가 보세요."

어부가 집에 돌아와 보니, 허름한 오두막이 멋진 작은 집으로 변해 있었어요. 아내는 기뻐했지만 점점 더 욕심이 생겼어요.

"작은 집으로는 부족해요. 성을 달라고 해요!"

어부는 다시 바다로 갔어요. 물고기는 한숨을 쉬며 소원을 들어주었어요. 이번에는 성이 생겼어요. 하지만 아내는 점점 더 욕심을 냈어요.

"왕이 되고 싶어요! 어서 물고기에게 가서 말해요."

어부는 다시 바다로 갔어요. 바다는 점점 어두워지고 파도가 거칠어졌어요. 물고기는 지친 듯 말했어요.

"왕이 되고 싶다고요? 알겠어요."

아내는 왕이 되었지만, 더 큰 욕심을 내며 마지막으로 말했어요.

"신이 되고 싶어요! 이 세상을 다스릴 거예요!"

어부는 두려운 마음으로 물고기를 불렀어요. 하지만 이번에는 물고기가 아무 말 없이 사라졌어요. 어부가 집으로 돌아와 보니, 집은 다시 낡은 오두막으로 변해 있었어요. 아내와 어부는 그제야 욕심을 부린 것을 후회했답니다.

쓰기 위한 질문

* 이야기에서 답을 찾을 수 있는 질문이에요. 질문에 답해 보면서 새로운 질문을 만들어 볼까요?
(새로운 질문을 만들어도 좋고, 비슷하게 만들어 보는 연습을 해도 좋아요.)

1. 어부가 처음에 황금 물고기를 놓아준 이유는 무엇인가요?

2. 아내가 처음 물고기에게 빈 소원은 무엇인가요?

3. 어부와 아내는 마지막에 어떻게 되었나요?

내가 만든 질문

* 생각 질문으로 더 많은 이야기를 나눠보세요.

1. 어부는 왜 처음에 황금 물고기에게 소원을 빌지 않았을까요?

2. 욕심을 부리지 않고 소박한 집에서 살았다면, 어부와 아내는 더 행복했을까요?

3. 황금 물고기는 왜 어부와 아내의 소원을 계속 들어주었을까요?

내가 만든 질문

쓰기 위한 쓰기

* 내가 만약 주인공이었다면…
  내가 상상하는 황금 물고기를 그리고 만약 내가 황금 물고기라면 어떤 소원을 들어줄지 생각해서 적어 보세요.

* 동화 다시 쓰기

사람들에게 욕심이 없다면 세상이 어떻게 변할지 상상하며 글로 표현해 보세요.

이렇게 지도해 주세요
— 원고지 쉽게 쓰는 방법 —

1. 첫 번째 줄에는 글의 종류를 씁니다.

독후감, 동시, 일기 등

〈	일	기	〉											

2. 두 번째 줄에는 제목을 적습니다.

중간에 적어주면 됩니다. 제목에는 마침표를 찍지 않습니다.

					황	금	물	고	기					

3. 세 번째 줄은 비워 두고, 네 번째 줄 뒤에 두 칸을 비우고 소속을 씁니다.

〈	독	후	감	〉										
					황	금	물	고	기					
								사	랑	초	등	학	교	

4. 다섯 번째 줄은 뒤에 두 칸은 비우고 학년과 이름을 씁니다.

5. 여섯 번째 줄은 비워 둡니다.

6. 일곱 번째 줄부터 본문을 쓰면 됩니다.

첫 번째 칸은 비우고 시작합니다.

원고지는 단락이 나누어질 때를 제외하고는 첫 칸을 비우지 않습니다.

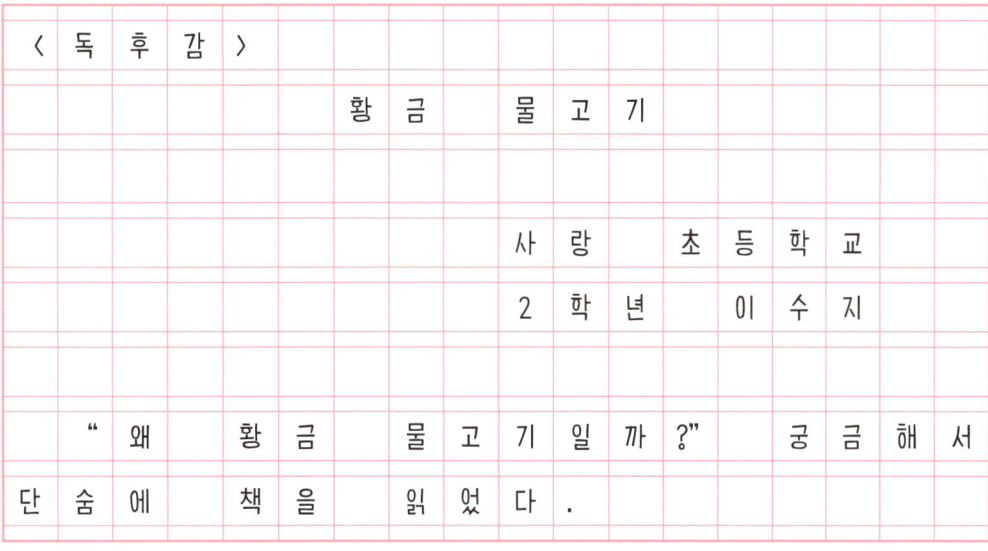

31 선녀와 나무꾼

쓰기 위한 읽기

* 소리 내서 읽어 볼까요? 아빠 찬스, 엄마 찬스를 사용해도 좋아요.

옛날 옛날에, 한 나무꾼이 산속에서 나무를 하고 있었어요. 어느 날, 그는 숲 속에서 물이 맑고 아름다운 곳을 발견했어요. 그곳에는 선녀들이 내려와 목욕을 하고 있었어요. 나무꾼은 그 모습을 보고 깜짝 놀랐어요. 선녀들이 천상의 옷을 벗어 놓고 목욕을 하고 있었기 때문이에요.

나무꾼은 선녀들이 너무 아름다워서 눈을 뗄 수 없었어요. 그래서 선녀들이 자리를 비운 사이 옷 한 벌을 몰래 가져갔어요. 그 후 한 선녀가 옷을 찾지 못하고 슬퍼하며 하늘로 올라가지 못하자, 나무꾼은 선녀의 옷을 내놓으며 말했어요.

"이 옷을 찾고 싶다면 나와 결혼해 주세요."

선녀는 처음에는 당황했지만, 결국 나무꾼의 제안을 받아들였어요. 그리하여 나무꾼과 선녀는 결혼하게 되었어요. 하늘에서 내려온 선녀는 나무꾼과 행복하게 살며 두 아들을 낳았어요.

하지만 선녀는 하늘의 자식이기 때문에 반드시 돌아가야 했어요. 그날 밤, 선녀는 몰래 집을 떠났어요. 나무꾼과 아이들이 아침에 일어나 보니 선녀가 사라지고 없었어요. 나무꾼은 너무 슬펐어요.

그러던 중, 나무꾼은 우연히 선녀의 옷을 발견하고 하늘로 올라가려고 했어요. 하지만 하늘로 가는 길은 너무 멀고 험해서 선녀를 찾지 못했어요. 결국 나무꾼은 아들들과 함께 슬픔을 안고 살아가며, 선녀를 다시 만날 수 없다는 사실을 받아들였답니다.

쓰기 위한 질문

* 이야기에서 답을 찾을 수 있는 질문이에요. 질문에 답해 보면서 새로운 질문을 만들어 볼까요?
  (새로운 질문을 만들어도 좋고, 비슷하게 만들어 보는 연습을 해도 좋아요.)

1. 나무꾼이 선녀의 옷을 가져간 이유는 무엇인가요?

2. 선녀는 왜 하늘로 돌아가야 했나요?

3. 나무꾼은 선녀를 찾기 위해 무엇을 했나요?

내가 만든 질문

* 생각 질문으로 더 많은 이야기를 나눠보세요.

1. 나무꾼은 선녀를 다시 만날 수 있었을까요?

2. 선녀는 왜 하늘로 돌아가기로 결심했을까요?

3. 만약 나무꾼이 선녀의 옷을 숨기지 않았더라면, 선녀는 어떻게 되었을까요?

내가 만든 질문

쓰기 위한 쓰기

* 편지 쓰기

나무꾼이 선녀에게 마지막으로 남긴 편지를 써 보세요. 그가 선녀에게 무엇을 말하고 싶었을지 생각하면서 글을 써 보세요.

* 내가 만약 주인공이었다면…
  내가 만약 선녀였다면, 나무꾼과 결혼 후 어떤 삶을 살았을지 상상해서 글을 써 보세요.

32 알라딘과 요술램프

쓰기 위한 읽기

* 소리 내서 읽어 볼까요? 아빠 찬스, 엄마 찬스를 사용해도 좋아요.

옛날 아라비아의 작은 마을에 알라딘이라는 가난하지만 씩씩한 소년이 살고 있었어요. 알라딘은 부모님과 작은 집에서 어렵게 살았지만, 늘 꿈을 꾸며 살았답니다.

어느 날, 알라딘은 마을에서 낯선 남자를 만났어요. 그 남자는 자신을 알라딘의 삼촌이라 소개하며, "나를 따라오면 큰 부자가 될 수 있다"고 말했어요. 알라딘은 가난한 생활에서 벗어나고 싶어 따라갔어요.

둘은 어두운 동굴로 갔어요. 남자는 알라딘에게 말했어요.

"이 동굴 안에서 요술램프를 찾아와라. 다른 것은 건드리지 말아야 한다."

알라딘은 동굴에 들어가 반짝이는 보물 사이에서 램프를 찾아냈어요. 하지만 나오는 순간, 동굴 입구가 닫혀 갇히고 말았어요!

겁에 질린 알라딘은 램프를 문질렀고, 갑자기 거대한 지니가 나타났어요.

"나는 요술램프의 지니! 당신의 세 가지 소원을 들어드리겠습니다."

알라딘은 첫 번째 소원으로 멋진 궁전을 달라고 했어요. 지니는 순식간에 아름다운 궁전을 만들어 주었고, 알라딘은 행복한 삶을 살기 시작했어요. 어느 날, 알라딘은 궁전에서 아름다운 공주를 보고 사랑에 빠졌어요. 그는 두 번째 소원으로 공주와 함께하고 싶다고 말했어요. 지니의 도움으로 공주와 알라딘은 사랑에 빠져 결혼했어요.

하지만 알라딘을 속였던 나쁜 마법사가 다시 나타났어요. 마법사는 램프를 훔치고 알라딘의 궁전과 공주까지 빼앗아갔어요. 알라딘은 용기를 내어 마법사를 쫓아가 공주와 램프를 되찾았어요.

그리고 지니에게 마지막 소원을 빌었어요.

"지니, 너를 자유롭게 해줄게!"

지니는 기뻐하며 알라딘에게 감사 인사를 했어요. 알라딘과 공주는 서로 아끼며 행복하게 살았답니다.

쓰기 위한 질문

* 이야기에서 답을 찾을 수 있는 질문이에요. 질문에 답해 보면서 새로운 질문을 만들어 볼까요?
  (새로운 질문을 만들어도 좋고, 비슷하게 만들어 보는 연습을 해도 좋아요.)

1. 알라딘은 첫 번째 소원으로 무엇을 원했나요?

2. 알라딘의 램프를 훔친 사람은 누구인가요?

3. 알라딘의 세 번째 소원은 무엇이었나요?

내가 만든 질문

* 생각 질문으로 더 많은 이야기를 나눠보세요.

1. 알라딘이 램프를 문지른 이유는 무엇인가요?

2. 여러분이 알라딘이라면 어떤 소원을 빌고 싶나요?

3. 알라딘이 마법사와 싸우지 않고 다른 방법으로 문제를 해결했다면, 이야기의 결말은 어떻게 바뀌었을까요?

내가 만든 질문

쓰기 위한 쓰기

* **이야기 속 한 장면 표현하기**

  나만의 지니를 그려보고, 내가 만든 지니는 어떤 능력을 가지고 있는지 어떤 소원을 들어줄 수 있는지 글로 써 보세요.

✳ 내가 만약 주인공이었다면…
내가 만약 알라딘이었다면 어떤 소원을 빌었을지 생각해 보고, 소원을 이루기 위한 계획을 써 보세요.

33 바보 온달과 평강공주

쓰기 위한 읽기

* 소리 내서 읽어 볼까요? 아빠 찬스, 엄마 찬스를 사용해도 좋아요.

옛날 옛적, 고구려에 온달이라는 소년이 살고 있었어요. 온달은 머리가 좋지 않아 마을 사람들은 그를 '바보 온달'이라고 부르며 놀리곤 했어요. 하지만 온달은 사람들의 시선과 비웃음을 받으면서도 마음 한구석에 큰 꿈을 품고 있었어요.

'언젠가 꼭 훌륭한 사람이 되어 모두에게 인정받고 말 거야!'

하지만 그 꿈은 멀어 보이기만 했어요.

한편, 고구려왕의 딸인 평강공주는 아름답고 지혜로운 공주로 유명했어요. 하지만 왕궁에서의 생활은 평강공주를 행복하게 해주지 않았어요. 편안한 삶을 살았지만, 왕의 엄격한 규율과 주변의 감시 속에서 늘 자유롭지 못했기 때문이에요. 그러던 어느 날, 평강공주는 왕궁을 떠나 마을을 돌아보기로 결심했어요. 공주는 변장을 하고 왕궁을 빠져나가 사람들과 어울리며 자유를 만끽하고 있었어요.

그러다 마을에서 우연히 온달을 만났어요. 온달은 처음 보는 아름다운 여인을 보고 깜짝 놀랐고, 평강공주는 온달의 순수하고 진지한 모습에 호감을 느꼈어요. 둘은 마을 여기저기를 다니며 함께 시간을 보냈어요. 공주는 온달과의 시간 속에서 처음으로 자유와 행복을 느꼈답니다.

그러던 어느 날, 평강공주가 마을 외곽에서 위험에 처했어요. 무리한 행동을 하다가 깊은 웅덩이에 빠지고 만 것이었죠. 그 모습을 본 온달은 망설임 없이 공주를 구하러 뛰어들었어요. 그는 자신의 목숨을 아끼지 않고 평강공주를 무사히 구해냈어요. 평강공주는 온달의 용기와 진심에 깊이 감동했어요.

이후 평강공주는 왕에게 온달과 결혼하고 싶다고 말했어요. 왕은 처음에 크게 화를 내며 반대했지만, 평강공주의 굳은 의지를 꺾을 수는 없었어요. 결국 왕은 딸의 뜻을 받아들이기로 했고, 온달은 마을 사람들의 놀라움과 축복 속에 평강공주와 결혼하게 되었어요.

결혼 후, 온달은 더 이상 예전의 '바보 온달'이 아니었어요. 평강공주의 사랑과 격려로 용감하고 지혜로운 사람으로 성장했어요. 그는 열심히 학문을 배우고 무술을 연마하며 스스로를 단련했고, 나라를 위해 활약하는 훌륭한 지도자가 되었답니다.

쓰기 위한 질문

* 이야기에서 답을 찾을 수 있는 질문이에요. 질문에 답해 보면서 새로운 질문을 만들어 볼까요? (새로운 질문을 만들어도 좋고, 비슷하게 만들어 보는 연습을 해도 좋아요.)

1. 마을 사람들은 왜 온달을 바보라고 불렀을까요?

2. 평강공주는 왜 온달과 결혼하기로 했나요?

3. 온달은 어떻게 바보에서 큰 사람으로 성장할 수 있었나요?

내가 만든 질문

* 생각 질문으로 더 많은 이야기를 나눠보세요.

1. 온달은 진짜 바보였을까요?

2. 평강공주가 온달과 결혼하고 나서 행복하게 살 수 있었던 이유는 무엇일까요?

3. 만약 온달이 공주와 결혼하지 않았다면, 그는 어떤 삶을 살았을까요?

내가 만든 질문

쓰기 위한 쓰기

* **뒷이야기 상상해서 쓰기**
  이후 바보 온달과 평강공주는 어떻게 살았을지 상상하며 글로 표현해 보세요.

* 독후감 쓰기

　서론, 본론, 결론을 갖추어 독후감 쓰기를 해 보세요.

서론 쓰기 (제목을 보고 들었던 생각 쓰기)

본론 쓰기 (줄거리 쓰기)

결론 쓰기 (느낀 점 쓰기)

34 혹부리 영감

쓰기 위한 읽기

* 소리 내서 읽어 볼까요? 아빠 찬스, 엄마 찬스를 사용해도 좋아요.

옛날 옛날에, 한 시골 마을에 착한 혹부리 영감이 살고 있었어요. 그의 턱에는 커다란 혹이 있었는데, 마을 사람들은 그 혹을 보고 놀리거나 피하곤 했어요. 하지만 영감은 착하고 성실하며 늘 긍정적으로 살아가는 사람이었어요.

어느 날, 영감은 숲에서 나무를 하다가 갑작스런 비바람을 만나 오래된 작은 집에 들어가게 됐어요. 집 안으로 들어가 한숨 돌렸지만, 이내 이상한 기운이 감돌자 두려움을 떨치기 위해 큰소리로 노래를 불렀어요. 그때 문이 열리며 도깨비들이 나타났어요. 도깨비들은 북과 꽹과리를 들고 신이 난 듯 영감을 바라보며 물었어요.

"네 고운 목소리는 어디서 나오는 것이냐?"

영감은 재치 있게 대답했어요.

"이 혹에서 나옵니다."

도깨비들은 영감의 말을 믿고 그의 혹을 떼어 가며 금은보화를 주었어요. 영감은 혹도 없애고 귀한 보물까지 얻게 되어 기뻤어요. 그는 마을로 돌아와 혹을 뗀 이야기와 보물 이야기를 전했어요.

착한 혹부리 영감의 이야기를 들은 나쁜 혹부리 영감은 자기도 도깨비를 찾아가기로 마음먹었어요. 다음 날, 나쁜 혹부리 영감은 숲으로 나무를 하러 갔어요. 밤이 되자 일부러 큰 소리로 노래를 불렀어요. 도깨비들이 다시 나타나 물었어요.

"네 목소리도 혹에서 나오는 것이냐?"

나쁜 영감은 전날의 이야기를 흉내 내며 대답했어요.

"그렇다. 이 혹에서 나온다."

도깨비들은 그의 말과 행동에서 진심이 느껴지지 않자 화를 냈어요.

"너는 우리를 속이고 욕심을 채우려 하는구나. 네가 우리의 친구가 되기 위해 노래를 부른 것도 아니니, 반대쪽에도 혹을 붙여 주겠다."

도깨비들은 주문을 외워 반대쪽에도 혹을 붙여 주었어요.

나쁜 영감은 두 개의 혹을 달게 되었고, 더 큰 불편과 후회를 하며 살아야 했어요. 반면, 착한 혹부리 영감은 마을 사람들에게 금은보화를 나누어 주며 행복하게 살았답니다.

쓰기 위한 질문

* 이야기에서 답을 찾을 수 있는 질문이에요. 질문에 답해 보면서 새로운 질문을 만들어 볼까요? (새로운 질문을 만들어도 좋고, 비슷하게 만들어 보는 연습을 해도 좋아요.)

1. 착한 혹부리 영감은 왜 노래를 불렀나요?

2. 나쁜 혹부리 영감이 혹을 하나 더 달게 된 이유는 무엇인가요?

3. 도깨비들이 착한 혹부리 영감에게 금은보화를 준 이유는 무엇인가요?

내가 만든 질문

* 생각 질문으로 더 많은 이야기를 나눠보세요.

1. 욕심이 아닌 진실한 마음이 사람들에게 어떤 영향을 주었을까요?

2. 나에게 도깨비방망이가 있다면 어떤 소원을 빌고 싶나요?

3. 착한 마음과 나쁜 마음은 어떻게 알 수 있나요?

내가 만든 질문

쓰기 위한 쓰기

* **내가 만약 주인공이었다면…**
  나에게 혹부리 영감처럼 특별한 일이 생긴다면 어떨지 상상하여 글을 써 보세요.

* 일기 쓰기

착한 혹부리 영감은 혹을 떼어주고 금은보화를 얻어 산에서 내려왔어요. 착한 혹부리 영감이 되어 일어난 일을 일기로 써 보세요.

35 로빈슨 크루소

쓰기 위한 읽기

* 소리 내서 읽어 볼까요? 아빠 찬스, 엄마 찬스를 사용해도 좋아요.

로빈슨 크루소는 아주 먼 바다를 항해하는 배에 탔습니다. 그는 모험을 좋아해서 바다로 여행을 떠났어요. 하지만 큰 폭풍이 몰아쳐 배가 파손되고 말았습니다. 로빈슨은 바다에 떠내려가면서 작은 섬에 도착했어요.

로빈슨은 처음에 무엇을 해야 할지 몰라 걱정했어요. 하지만 점점 자신감을 얻었고, 살아남는 방법을 생각하기 시작했어요. 그래서 먼저 나무를 자르고, 집을 짓기로 했어요. 그리고 불을 피우는 방법도 찾았어요. 로빈슨은 불을 피워 음식을 만들고, 날씨가 추우면 불을 쬐며 따뜻하게 지냈어요.

시간이 지나면서 로빈슨은 섬에서 살기 위한 다른 방법들도 배웠어요. 물고기를 잡고, 과일도 따 먹었어요. 동물들도 잡아서 먹을 수 있었어요. 그러던 어느 날, 로빈슨은 섬에서 한 원주민을 구했어요. 그는 원주민에게 '프라이데이'라는 이름을 붙여 주었고, 서로 도와가며 살아갔어요. 로빈슨은 프라이데이에게 필요한 일을 가르쳐 주었고, 프라이데이도 로빈슨에게 많은 도움을 주었어요.

그들은 함께 일하며 섬에서 살아남는 방법들을 배워갔어요. 어느 날, 해적선이 섬에 들어왔어요. 로빈슨과 프라이데이는 그들이 배를 비우게 한 뒤 포로들을 풀어주고 해적선을 타고 집으로 돌아갔어요. 로빈슨은 27년 만에 가족을 만났답니다. 물론 프라이데이도 함께였어요.

쓰기 위한 질문

* 이야기에서 답을 찾을 수 있는 질문이에요. 질문에 답해 보면서 새로운 질문을 만들어 볼까요?
  (새로운 질문을 만들어도 좋고, 비슷하게 만들어 보는 연습을 해도 좋아요.)

1. 로빈슨 크루소는 섬에서 어떻게 살아남았나요?

2. 로빈슨은 섬에서 누구를 만났나요?

3. 로빈슨은 어떻게 섬에서 탈출할 수 있었나요?

내가 만든 질문

* 생각 질문으로 더 많은 이야기를 나눠보세요.

1. 로빈슨이 처음 섬에 갇혔을 때 어떤 감정을 느꼈을까요?

2. 프라이데이가 로빈슨과 친구가 된 이유는 무엇일까요?

3. 로빈슨 크루소가 혼자 섬에서 살아가는 데 중요한 기술은 무엇이라고 생각하나요?

내가 만든 질문

쓰기 위한 쓰기

* **내가 만약 주인공이었다면…**
  여러분이 로빈슨 크루소처럼 섬에 갇히게 된다면 어떻게 살아남을지 상상해 보고, 필요한 도구나 방법들을 그림으로 표현해 보세요.

* 일기 쓰기

로빈슨 크루소가 섬에서 보낸 하루를 상상하여 일기로 써 보세요.

36 열두 띠 이야기

쓰기 위한 읽기

* 소리 내서 읽어 볼까요? 아빠 찬스, 엄마 찬스를 사용해도 좋아요.

옛날 옛날에, 하늘의 신이 세상을 만들 때, 모든 동물들에게 순서를 정해주기로 했어요. 그래서 신은 열두 동물을 불러 모아 한 해에 한 동물이 차지할 띠를 정하기로 했죠. 신은 동물들에게 큰 시험을 냈어요. 시험은 큰 강을 건너는 것이었어요. 제일 먼저 강을 건너는 동물이 첫 번째 띠를 차지하고, 두 번째로 건너는 동물이 두 번째 띠를 차지하기로 했어요.

동물들은 모두 열심히 시험을 준비했어요. 그중에 가장 지혜로운 동물인 쥐는 계획을 세웠어요. 쥐는 소의 등에 올라탄 다음 소가 강을 다 건넜을 때, 소의 등에서 살짝 내려와 가장 먼저 강을 건너 첫 번째 띠를 차지했어요.

두 번째로 강을 건넌 동물은 소였어요. 소는 매우 성실하고 열심히 일하는 동물이어서, 가장 빠르게 강을 건넜어요. 그래서 소는 두 번째 띠를 차지하게 되었어요.

그다음으로는 호랑이가 건넜어요. 호랑이는 강을 건너는 데 있어서 강한 힘을 보여주었고, 그래서 세 번째 띠를 차지했어요. 이어서 토끼는 강을 건널 때 떠내려가는 나뭇가지를 타고 가며 빠르게 강을 건넜어요. 그래서 네 번째 띠를 차지했죠.

하늘에서 내려와 강을 건넌 용은 다섯 번째 띠를 차지하게 되었어요. 뱀은 기민하게 물속에서 헤엄쳐 강을 건넜고 여섯 번째 띠를 차지했죠. 말은 빠르게 뛰어넘어 일곱 번째 띠를 양은 조용하게 건너 여덟 번째 띠를 차지했어요.

다음으로는 원숭이가 유연하게 뛰어넘어 아홉 번째 띠를 차지했고, 닭은 새벽에 강을 건너 열 번째 띠를 차지했어요. 개는 물을 좋아해서 잘 헤엄쳐 열한 번째 띠를 차지했어요. 마지막으로 돼지는 제일 늦게 강을 건너며 마지막인 열두 번째 띠를 차지했어요.

이렇게 해서 열두 띠는 정해졌고, 그 이후로 매년 동물들은 자신이 차지한 띠에 맞춰 이름을 부르게 되었답니다.

쓰기 위한 질문

* 이야기에서 답을 찾을 수 있는 질문이에요. 질문에 답해 보면서 새로운 질문을 만들어 볼까요?
  (새로운 질문을 만들어도 좋고, 비슷하게 만들어 보는 연습을 해도 좋아요.)

1. 가장 먼저 강을 건넌 동물은 누구인가요?

2. 소는 몇 번째 띠를 차지했나요?

3. 돼지는 몇 번째 띠를 차지했나요?

내가 만든 질문

* 생각 질문으로 더 많은 이야기를 나눠보세요.

1. 쥐는 왜 소의 등에 올라타서 강을 건넜을까요?

2. 만약 동물들이 띠를 정하는 시험에서 다르게 행동했다면, 띠의 순서는 어떻게 달라졌을까요?

3. 나는 어떤 띠를 좋아하고, 그 이유는 무엇인가요?

내가 만든 질문

쓰기 위한 쓰기

* **이야기 속 한 장면 표현하기**
  내가 태어난 해의 동물을 그림으로 표현하고, 나와 어떻게 닮았는지 동물의 특징을 적어 보세요.

* 뒷이야기 상상해서 쓰기

동물들이 띠를 정하는 시험을 다시 한다면, 어떤 방법으로 강을 건널지 생각해 보고 열두 띠 동물들이 들어 온 순서를 정해 보세요.

37 호랑이와 두꺼비

쓰기 위한 읽기

* 소리 내서 읽어 볼까요? 아빠 찬스, 엄마 찬스를 사용해도 좋아요.

옛날 깊은 숲속에 호랑이가 살고 있었어요. 그는 몸집이 크고 힘이 세서 숲의 동물들은 모두 그를 두려워했어요. 어느 날, 호랑이가 숲속을 거닐다 좁은 길에 앉아있는 두꺼비를 발견했어요.

"야! 저리 비켜! 이 길은 내가 지나갈 길이야." 호랑이가 소리쳤어요.

두꺼비는 눈도 깜빡하지 않고 대답했어요.

"네가 비켜 가면 되는데 내가 왜 비켜야 하지?"

호랑이는 당돌한 두꺼비의 태도에 화가 나 으르렁댔어요.

"감히 네 따위가 내 말을 거역해? 내가 얼마나 무서운지 보여줘야겠군!"

하지만 두꺼비는 전혀 겁먹지 않았어요.

"나를 건드리면 큰일 날 거야."

호랑이는 더 이상 참을 수 없다는 듯 두꺼비를 향해 발톱을 세우며 달려들었어요. 그런데 두꺼비는 침착하게 입을 벌려 큰 소리를 냈어요.

"콰르르릉!" 이 소리를 들은 숲속 동물들이 하나둘 나타나기 시작했어요. 다람쥐, 사슴, 토끼, 심지어 사자까지 두꺼비 주변에 모여들었어요. 호랑이는 깜짝 놀라며 물었어요.

"어떻게 이렇게 많은 동물들을 부른 거지?"

두꺼비는 미소를 지으며 대답했어요.

"내 목소리는 숲속의 동물들을 부를 수 있어. 내가 위험하면 모두 나를 도와주지."

동물들은 두꺼비를 지키려는 듯 호랑이를 노려봤어요. 호랑이는 이 싸움에서 이길 수 없다는 것을 깨닫고 물러났어요.

"좋아, 네가 이겼다." 호랑이는 고개를 숙이고 뒤돌아갔어요.

두꺼비는 빙긋이 웃으며 햇볕을 쬐러 돌아갔어요. 그 후로 호랑이는 두꺼비를 볼 때마다 다른 길로 돌아갔고, 두꺼비는 숲속에서 작지만 지혜로운 영웅으로 기억되었답니다.

쓰기 위한 질문

* 이야기에서 답을 찾을 수 있는 질문이에요. 질문에 답해 보면서 새로운 질문을 만들어 볼까요?
  (새로운 질문을 만들어도 좋고, 비슷하게 만들어 보는 연습을 해도 좋아요.)

1. 호랑이는 왜 두꺼비에게 화를 냈나요?

2. 두꺼비가 "콰르르륵" 소리를 내자 어떤 동물들이 모여들었나요?

3. 두꺼비는 호랑이를 어떻게 물리쳤나요?

내가 만든 질문

* 생각 질문으로 더 많은 이야기를 나눠보세요.

1. 두꺼비는 왜 호랑이를 보고도 놀라지 않았을까요?

2. 내가 두꺼비였다면, 호랑이에게 뭐라고 말했을까요?

3. 호랑이처럼 무서운 상대를 만난 적이 있나요? 그때 어떻게 했나요?

내가 만든 질문

쓰기 위한 쓰기

* **흐름을 따라가는 글쓰기**

   아래 문장을 보고 사건이 일어난 순서대로 1부터 5까지 적고, 문장을 따라 써 보세요.
   주요 사건을 순서대로 생각하다 보면 이야기의 흐름을 쉽게 이해할 수 있어요.

주요 사건	순서
화가 난 호랑이는 두꺼비를 공격하려 했지만, 두꺼비는 큰 소리로 다른 동물들을 불러 모았어요.	
호랑이는 숲속을 거닐다가 길을 막고 있는 두꺼비를 보고 비키라고 소리쳤어요.	1
숲속 동물들이 모여 호랑이를 노려보자 호랑이는 싸움을 포기하고 물러났어요.	
두꺼비는 비키지 않겠다고 말하며 당당하게 자신의 자리를 지켰어요.	
그 후로 호랑이는 두꺼비를 다시는 괴롭히지 않았고, 두꺼비는 지혜로운 동물로 기억되었답니다.	

❶ 호랑이는 숲속을 거닐다가 길을 막고 있는 두꺼비를 보고 비키라고 소리쳤어요.

❷

❸

❹

❺

* 소개하는 글쓰기

  두꺼비가 호랑이에게 겁먹지 않은 것처럼, 용기 있게 행동했던 것들을 자랑하며 소개해 보세요.

38 토끼와 다람쥐의 방귀 시합

쓰기 위한 읽기

* 소리 내서 읽어 볼까요? 아빠 찬스, 엄마 찬스를 사용해도 좋아요.

옛날 옛날에, 어느 마을에 방귀를 잘 뀌는 두 마리 동물이 살고 있었어요. 하나는 토끼였고, 다른 하나는 다람쥐였어요. 두 동물은 늘 서로 누가 더 방귀를 잘 뀌는지 자랑을 했어요.

어느 날, 토끼가 다람쥐에게 말했어요.

"나는 정말 세고 큰 방귀를 뀌는 걸 자랑할 수 있어. 한번 들어봐!"

그리고 토끼는 "푸우우웅!" 하고 힘차게 방귀를 뀌었어요. 방귀 소리는 마치 우레처럼 크게 울렸고, 토끼는 자랑스럽게 웃었어요.

그때, 다람쥐가 말했어요.

"응? 그 정도 방귀는 아무것도 아니야!"

다람쥐는 아주 작은 방귀를 뀌었지만, 그 소리가 매우 웃기고 신기했어요. 마치 바람에 종이컵이 흔들리는 것처럼 작고 기분 좋은 소리가 났죠.

두 동물은 계속해서 방귀를 뀌며 누가 더 멋진 방귀를 뀌는지 시합을 하기로 했어요. 마을의 모든 동물들이 그들의 방귀 시합을 구경하기 위해 모였어요.

토끼가 먼저 방귀를 뀌었어요. "푸우우웅!" 소리가 커지고 길게 울렸어요. 토끼는 정말 자랑스러워했어요. 그런데 다람쥐는 다르게 방귀를 뀌었어요. "푸프프프훙!" 아주 작고 짧은 소리가 나더니, 마치 마법처럼 하늘에 빛나는 별처럼 반짝였어요. 그 방귀 소리에 마을의 동물들이 모두 깜짝 놀랐어요.

"와! 다람쥐의 방귀는 진짜 신기해!" 동물들은 다람쥐의 방귀 소리에 감탄했어요.

시합의 결과는 동물들에 따라 다르게 평가되었어요. 어떤 동물은 토끼의 방귀가 더 멋지다고 했고, 어떤 동물은 다람쥐의 방귀가 더 재미있다고 했어요. 결국 두 동물은 서로 경쟁하기보다는 서로의 방귀를 인정하고 웃음으로 마무리했어요.

이렇게 방귀 시합은 마을의 큰 웃음거리가 되었고, 두 동물은 더 이상 방귀로 경쟁하지 않고, 서로 친하게 지냈답니다.

쓰기 위한 질문

* 이야기에서 답을 찾을 수 있는 질문이에요. 질문에 답해 보면서 새로운 질문을 만들어 볼까요?
  (새로운 질문을 만들어도 좋고, 비슷하게 만들어 보는 연습을 해도 좋아요.)

1. 토끼는 왜 방귀를 뀌었나요?

2. 다람쥐는 어떤 방귀를 뀌었나요?

3. 동물들은 누가 더 멋진 방귀를 뀐다고 생각했나요?

내가 만든 질문

* 생각 질문으로 더 많은 이야기를 나눠보세요.

1. 토끼와 다람쥐는 왜 방귀 시합을 했을까요?

2. 만약 친구가 나에게 방귀 시합을 하자고 하면 어떻게 반응할 건가요?

3. 친구와 경주를 하거나 시합을 해본 적이 있나요? 어떤 시합을 했고, 결과는 어땠나요?

내가 만든 질문

쓰기 위한 쓰기

* **동화 다시 쓰기**

토끼와 다람쥐처럼 방귀 시합을 한다면, 어떤 규칙을 만들고 싶나요? 누가 이길지 상상해 보며 규칙을 만들어 동화를 다시 써 보세요.

* 이야기 속 한 장면 표현하기

여러 동물들이 방귀를 뀌면 어떤 소리가 날지 상상해 보고 글로 표현해 보세요.
(예시: 코끼리는 '우우웅', 토끼는 '팍!')

39 80일간의 세계 일주

쓰기 위한 읽기

* 소리 내서 읽어 볼까요? 아빠 찬스, 엄마 찬스를 사용해도 좋아요.

옛날 옛날에, 영국 런던에 똑똑하고 용감한 신사 필리어스 포그가 살고 있었어요. 그는 매일 아침 8시에 집을 나서 오후 11시에 집으로 돌아오며, 하루하루를 정확하게 계획하고 움직이는 철저한 사람이었어요. 포그는 런던의 혁신 클럽에서 시간을 보내는 것을 좋아했어요. 그러던 어느 날, 새로운 증기선과 철도가 세워지면서 세계 일주가 80일 안에 가능하다는 이야기를 듣게 되었어요. 클럽 회원들은 모두 불가능하다며 비웃었지만, 포그는 자신만만하게 "나는 해낼 수 있습니다!"라고 말하며 2만 파운드를 걸고 내기에 응했어요. 이렇게 그의 80일간의 세계 일주가 시작되었어요.

포그는 새로 고용한 하인 파스파르투와 함께 다음 날 떠났어요. 첫 번째 목적지는 프랑스였고, 이어서 수에즈 운하를 지나 인도 뭄바이로 향했어요. 그러나 여행은 순탄치 않았어요. 뭄바이에서 캘커타로 가는 기차가 다리 공사 중단으로 멈추자, 포그는 코끼리를 빌려 정글을 가로질러 갔어요. 이때 인도의 작은 마을에서 종교 의식 때문에 화형당할 위기에 처한 아우다라는 여성을 발견했어요. 포그는 용감하게 그녀를 구해내고, 아우다도 그들과 함께 여행을 하게 되었어요.

홍콩에서 큰 문제가 있었지만 그들은 다시 미국 샌프란시스코로 이동했어요.

미국에서도 어려움은 계속되었어요. 그들이 탄 기차가 강도들의 습격을 받아 포그와 파스파르투가 용감하게 맞서 싸웠어요. 이후 폭설로 기차가 더 이상 갈 수 없게 되자, 포그는 썰매를 이용해 뉴욕으로 향했어요. 뉴욕에서는 마지막으로 대서양을 건너기 위해 배를 탔지만, 연료가 부족해졌어요. 포그는 선장에게 배의 목재를 태워서라도 런던으로 돌아가겠다고 설득했고 계획대로 영국으로 향할 수 있었어요.

런던에 도착한 날, 포그는 자신이 하루 늦었다고 생각했어요. 내기에 졌다고 생각한 그는 실망했지만, 아우다 부인에게 사랑을 고백하며 청혼했어요. 바로 그때, 파스파르투가 뛰어와 포그에게 말했어요.

"주인님! 오늘이 바로 80일째 되는 날이에요!" 이들은 지구를 동쪽으로 돌면서 하루를 벌었다는 사실을 뒤늦게 깨달았어요.

혁신 클럽에 마차를 타고 도착한 포그는 회원들에게 정확히 80일 만에 세계 일주를 해냈음을 증명했어요. 내기에서 승리한 그는 상금을 손에 넣었고, 아우다 부인과 결혼하여 행복하게 살았답니다.

쓰기 위한 질문

* 이야기에서 답을 찾을 수 있는 질문이에요. 질문에 답해 보면서 새로운 질문을 만들어 볼까요?
  (새로운 질문을 만들어도 좋고, 비슷하게 만들어 보는 연습을 해도 좋아요.)

1. 필리어스 포그는 왜 80일 안에 세계 일주를 하기로 했나요?

2. 아우다 부인은 누구이며 어떻게 필리어스 포그와 함께 여행을 하게 되었나요?

3. 뭄바이에서 캘커타로 가는 기차가 다리 공사 중단으로 멈추자, 포그 일행은 무엇을 빌려 정글을 가로질러 갔나요?

내가 만든 질문

* 생각 질문으로 더 많은 이야기를 나눠보세요.

1. 필리어스 포그가 여행 중에 경험한 가장 어려운 일은 무엇이었을까요?

2. 만약 필리어스 포그가 80일 안에 세계 일주를 하지 못했다면 어떻게 살았을까요?

3. 필리어스 포그가 80일간의 세계여행을 하고 얻은 것은 무엇일까요?

내가 만든 질문

쓰기 위한 쓰기

* 내가 만약 주인공이었다면…
필리어스 포그가 되어 80일간의 세계 일주를 가기 전과 후 어떻게 변했는지 상상해 보세요. 여행하면서 느낀 점을 넣어 자유롭게 써 보세요.

* 동화 다시 쓰기

세계를 돌아보는 여행을 한다면, 어떤 나라들을 가고 싶은가요? 여행 중 만나고 싶은 사람이나 동물들을 넣어서 나만의 세계 일주 계획을 세워보고, 동화를 다시 써 보세요.

40 어린 왕자

쓰기 위한 읽기

* 소리 내서 읽어 볼까요? 아빠 찬스, 엄마 찬스를 사용해도 좋아요.

옛날에 사막 한가운데 비행기를 타고 가던 조종사가 있었어요. 그런데 갑자기 비행기가 고장 나서 사막에 불시착하게 되었어요. 물도 얼마 없고, 주변엔 사람도 없어서 조종사는 걱정했죠. 그런데 깜짝 놀랄 일이 일어났어요! 어딘가에서 작은 소년이 걸어오더니 이렇게 말하는 거예요.
"양 한 마리만 그려 줄래요?"

조종사는 어리둥절했지만, 소년의 부탁대로 양을 그려 주었어요. 그렇게 둘은 친구가 되었고, 조종사는 소년이 '어린 왕자'라는 걸 알게 되었답니다. 어린 왕자는 먼 우주에 있는 작은 별에서 살고 있었어요. 거기에는 그가 정성껏 돌보는 특별한 장미 한 송이가 있었어요. 어린 왕자는 장미를 무척 사랑했지만, 장미는 자주 투정을 부렸어요. 그래서 어린 왕자는 장미와 떨어져 다른 별들을 여행하기로 결심했어요.

어린 왕자는 여러 별을 돌아다니면서 다양한 어른들을 만났어요. 첫 번째 별에서는 자신이 왕이라고 주장하는 어른이 살고 있었어요. 왕은 자기별에 혼자 살면서도 모든 걸 자기 뜻대로 하려고 했죠. 두 번째 별에서는 자기가 아주 멋지다고 생각하는 어른을 만났어요. 그 어른은 사람들이 칭찬해 주길 원했지만, 정작 자기 주변에는 아무도 없었답니다. 그리고 또 다른 별에는 돈을 쉬지 않고 세는 어른이 살고 있었어요. 어린 왕자는 어른들이 자기만의 일에만 몰두해서 진짜 중요한 것을 놓치고 있다는 걸 깨달았어요.

지구에 도착한 어린 왕자는 사막에서 여우를 만났어요. 여우는 어린 왕자에게 친구가 되는 법을 가르쳐 주었어요.

"너와 내가 서로에게 특별해지려면 시간을 보내고, 마음을 나누며 길들여야 해. 그럼 너는 나에게 세상에서 단 하나뿐인 존재가 되는 거야"라고 여우가 말했어요. 어린 왕자는 여우의 말을 듣고 자신의 장미를 떠올렸어요. 수많은 장미들 중에서도 그의 장미가 특별한 이유는 오직 그 장미만이 자신과 함께 시간을 보냈기 때문이에요. 그제야 어린 왕자는 장미를 정말 소중히 여기게 되었답니다.

여행을 마친 어린 왕자는 자신이 떠나온 별로 돌아가기로 했어요. 비록 다시는 만날 수 없을지 모르지만, 조종사에게 "내가 돌아가도 밤하늘의 별을 보며 날 기억해 줘"라고 말했어요. 이제 조종사는 하늘의 반짝이는 별을 볼 때마다 어린 왕자를 떠올리며 미소를 지을 거예요.

쓰기 위한 질문

* 이야기에서 답을 찾을 수 있는 질문이에요. 질문에 답해 보면서 새로운 질문을 만들어 볼까요?
  (새로운 질문을 만들어도 좋고, 비슷하게 만들어 보는 연습을 해도 좋아요.)

1. 어린 왕자는 왜 자신의 별을 떠나 여행을 할까요?

2. 여우가 어린 왕자에게 가르쳐 준 친구가 되는 법은 무엇인가요?

3. 어린 왕자가 자신의 장미꽃을 특별하게 여긴 이유는 무엇일까요?

내가 만든 질문

* 생각 질문으로 더 많은 이야기를 나눠보세요.

1. 우리는 왜 서로를 특별하게 여기고, 친구가 되는 걸 중요하게 생각할까요?

2. 어른이 된다는 건 무엇일까요? 어린이와 어른은 무엇이 다르다고 생각하나요?

3. 어린 왕자에게 여우가 가르쳐 준 '길들임'의 의미는 무엇일까요?

내가 만든 질문

쓰기 위한 쓰기

* **이야기 속 한 장면 표현하기**
  이야기 속 한 장면을 생각하면서 나만의 별을 만들어 보세요. 별의 이름은 무엇인지 그 별에는 어떤 사람들이나 동물들이 살고 있는지 그림과 함께 짧은 글로 표현해 보세요.

* 편지 쓰기

'장미, 사막여우, 길들임, 친구, 눈에 보이지 않는 것'을 넣어 어린왕자에게 하고 싶은 말을 편지로 써 보세요.

예시)

어린 왕자에게

안녕, 어린 왕자야!
네가 여우와 친구가 되는 이야기를 읽고 나도 정말 많은 걸 생각하게 되었어. 여우가 "길들임"에 대해 알려주면서, 단순히 함께 시간을 보내는 것만으로도 친구가 될 수 있다는 걸 배우게 되었어. 너는 여우와 친구가 된 후에 마음이 어떻게 변했어? 여우를 떠나고 나서도 그 친구가 그리웠어?
그리고 장미꽃 이야기도 정말 인상 깊었어. 네가 장미를 떠나기로 결심했을 때는 이해하기 어려웠지만, 시간이 지나면서 그 장미가 너에게 얼마나 특별한 존재였는지 깨닫게 된 걸 보고 나도 소중한 것들을 떠올리게 됐어.
나도 나만의 장미꽃 같은 존재가 있어. 바로 우리 강아지야! 매일 돌봐주고 산책하면서 강아지와 나 사이에 특별한 관계가 된 것 같아.
언제든 별에서 잘 지내길 바랄게. 별을 볼 때마다 너와 여우, 그리고 장미꽃을 떠올릴게.
너의 친구가 .

이렇게 지도해 주세요
– 편지 쓰는 방법 –

1. 시작하기 (인사하기)

- 편지를 시작할 때는 친근한 인사로 시작해 보세요.
- "안녕, 어린 왕자야!" 혹은 "어린 왕자에게" 같은 인사말로 시작해도 좋아요.

2. 느낌과 궁금증 표현하기 (친근한 말투 사용)

- 이야기를 읽고 느낀 점이나 궁금했던 점을 먼저 떠올려 보세요. 예를 들어, 어린 왕자와 여우의 이야기를 통해 '친구가 되는 법'을 배우고 느낀 점을 적어 보세요.
  예) "나는 네가 여우와 친구가 될 때 '길들임'이라는 단어를 배우게 돼서 정말 신기했어."
- 이처럼 어린 왕자가 느꼈던 감정을 함께 느끼면서 이야기하면 편지를 더 쉽게 쓸 수 있습니다.

3. 어린 왕자에게 질문하기

- 어린 왕자에게 궁금한 점이나 물어보고 싶은 것들을 생각해 보세요.
  예) "어린 왕자야, 너는 장미가 왜 특별하다고 생각했어?" 혹은 "여우와 친구가 된 후 너는 어떻게 달라졌니?"

4. 자신의 생각과 이야기 넣기

- 어린 왕자 이야기 속의 장미와 여우처럼 자신에게 소중한 것을 이야기해 보세요. 어린 왕자에게 자신의 경험을 들려주면서 편지를 쓰면 편지의 내용이 더 풍부해진답니다.
    예) "나는 나만의 장미꽃 같은 소중한 존재가 우리 집 강아지야. 매일 돌봐주면서 특별한 사이가 되었어."

5. 끝맺음 인사하기

- 마지막으로 어린 왕자에게 인사를 전하면서 편지를 마무리해 보세요.
    예) "네가 별로 돌아가더라도, 별을 보며 너를 떠올릴게. 친구 ○○가."

펴낸날 2025년 4월 7일

지은이 서미화
펴낸이 주계수 | **편집책임** 이슬기 | **꾸민이** 전은정

펴낸곳 고래책빵 | **출판등록** 제 2018-000141 호
주소 서울특별시 마포구 양화로 156 LG팰리스빌딩 917호
전화 02-6925-0370 | **팩스** 02-6925-0380
홈페이지 www.bobbook.co.kr | **이메일** bobbook@hanmail.net

© 서미화, 2025.
ISBN 979-11-7272-049-0 (73700)

※ 이 책은 저작권법에 따라 보호받는 저작물이므로 무단전재와 복제를 금합니다.